玩赚

Profit from
Tik Tok Short Videos

抖音短视频

入门定位+内容创作+品牌营销+引流变现

杨飞 —— 编著

清华大学出版社

北京

内 容 简 介

12 大专题讲解，入门定位＋内容创作＋品牌营销＋引流变现，玩赚抖音全攻略！

120 多个案例，实战性更强，帮助读者快速提升。一本书完全精通抖音短视频运营！

198 条实用干货，学一招赚一招，帮助读者快速成为短视频营销和运营行家里手！

本书由经验丰富的自媒体达人编写，书中具体内容包括 18 个入门设置技巧、15 个定位招数、18 种运营方法、21 个拍摄技巧、14 个直播玩法、15 种原创技巧、25 种上热门方法、19 种品牌营销玩法、13 个内容营销技巧、18 个吸粉引流高招、11 种变现方式和技巧、11 个经典抖音案例。

本书结构清晰，拥有一套完整、详细、实战性强的抖音运营系统策略，适合期望通过抖音赚钱的普通人、通过抖音卖产品的商家企业、专注短视频风口的创业者，以及渴望通过抖音变成大 V 的自媒体人。

图书在版编目（CIP）数据

玩赚抖音短视频：入门定位+内容创作+品牌营销+引流变现 / 杨飞编著. — 北京：清华大学出版社，2019（2021.9重印）

（新时代·营销新理念）

ISBN 978-7-302-52471-7

Ⅰ. ①玩… Ⅱ. ①杨… Ⅲ. ①网络营销 Ⅳ. ①F713.365.2

中国版本图书馆 CIP 数据核字（2019）第 040926 号

责任编辑：刘　洋
封面设计：徐　超
版式设计：方加青
责任校对：宋玉莲
责任印制：杨　艳

出版发行：清华大学出版社
　　　　　网　　　址：http://www.tup.com.cn，http://www.wqbook.com
　　　　　地　　　址：北京清华大学学研大厦 A 座　　邮　　编：100084
　　　　　社 总 机：010-62770175　　　　　邮　　购：010-62786544
　　　　　投稿与读者服务：010-62776969，c-service@tup.tsinghua.edu.cn
　　　　　质 量 反 馈：010-62772015，zhiliang@tup.tsinghua.edu.cn
印 装 者：小森印刷（北京）有限公司
经　　销：全国新华书店
开　　本：170mm×240mm　　印　张：18.25　　字　数：288 千字
版　　次：2019 年 4 月第 1 版　　印　次：2021 年 9 月第 9 次印刷
定　　价：79.00 元

产品编号：082512-01

写在前面的话

准备了一年的书，终于面世啦！120多个案例，198条实用干货，希望对大家有所帮助！

英雄再难造时势，反而是自媒体这股狂风成就了我们这样一群人。不知不觉已经在自媒体行业深耕了4年时间，抖音问世，作为第一批玩家，见证经历了太多。

从抖音中各种炫酷潮流，各种跟风，再到技能展示、美女美景，不出远门，都能切身感受到外界世界。抖音带给我们太多的欢声笑语，抖音已经夺走了我们太多人的时间，成为新的"时间黑洞"。

抖音短视频快速成长的同时，带动了大量的网红崛起，表面是娱乐，背后实质上是商业的一种体现。我们互联网人都非常注重流量，特别是抖音这样能够让用户一看便欲罢不能的超级平台，有人的地方就有生意，个人玩家前期或许是因为兴趣爱好，赶时髦玩起了抖音短视频，但兴趣总会有淡去的一天，唯有介入商业盈利，方可有持续动力保持运营活力。

抖音极易操作上手，获得粉丝关注、点赞、好评，未知的世界里充满了无限的想象空间，炫酷的特效，总是让我们感受到科技的力量。无论是个人还是企业，都能通过抖音快速展示和曝光。此书我将会详细讲解四大板块，彻底打通你的任督二脉。

■ 第一个板块：入门定位篇
■ 第二个板块：内容创作篇
■ 第三个板块：品牌营销篇
■ 第四个板块：引流变现篇

本书一共分为12个章节，从功能介绍、定位、运营到拍摄、直播、原创创意、热门技巧升级，再到品牌营销，最终引流变现。

短视频的大热，带动的不仅仅是个人，还有很多的企业玩家，做营销的朋友自然早就瞄准了这块大蛋糕。比如海底捞、CoCo 奶茶、小米手机等早就纷纷在抖音上做起了营销，而且取得了可观的效果，中小企业务必重视抖音这个超级流量池，掌握技能，抓住趋势，爆破营销。

在写这本书的过程中，见证了很多个人网红一夜爆发，也见证了诸多企业涨粉百万。时代一直在变化，特别是移动互联网信息瞬息万变，随之而变的应是我们的思维。用心深入体会，看到事物背后的逻辑，这将会对你今后的互联网营销带来巨大的改变。

由于作者知识水平有限，书中难免有错误和疏漏之处，恳请广大读者批评、指正。

01／入门定位篇

02／内容创作篇

03／品牌营销篇

04／引流变现篇

01

入门定位篇

/第/ **1** /章/

功能：做到知己知彼，才能百战不殆

　　如今，要说哪个 App 很火爆，可以说非抖音莫属了。从 2016 年 9 月上线开始，抖音 App 在不足两年的时间内，已经诞生了大量的"网红"（网红是"网络红人"的简称，指在现实或者网络生活中因某个事件或者某个行为被网民关注，从而走红的人或长期持续输出某种专业知识而走红的人），同时也带火了一系列产品。抖音已成为一个拥有巨大流量的平台，各大品牌都想在其中分一杯羹。本章将介绍抖音的平台特点、界面功能和账号设置等技巧，帮助大家快速掌握抖音平台运营的基本功。

🔍 **1.1　抖音是一个什么样的平台** ▼

🔍 **1.2　了解抖音 App 的界面功能** ▼

🔍 **1.3　抖音账号的基本设置技巧** ▼

1.1 抖音是一个什么样的平台

如今这个快节奏的时代，短视频的发展已经成为不可阻挡的趋势了。在众多短视频平台中，抖音因其巨大的流量、年轻的用户，以及不可估量的商机而脱颖而出，成为各大品牌入驻短视频平台的不二之选。那么，抖音究竟是一个什么样的平台呢？本节将为你揭晓答案。

1.1.1 抖音是什么

抖音是于2016年9月上线的一款音乐创意短视频社交软件，是一个专注年轻人的15秒音乐短视频社区，如图1-1所示。用户可以通过这款软件选择歌曲，拍摄15秒的音乐短视频，形成自己的作品并发布。

图1-1 抖音App

抖音的slogan（口号）是"专注新生代的音乐短视频社区"，可见其目标用户为年轻用户，其产品形态是音乐短视频，其愿景是打造音乐社区。

2018年6月12日，抖音对外公布国内日活跃用户达到1.5亿，月活跃用户超过3亿。数据迅速传遍全网，可以肯定的是，抖音的势头比此前预测的还要好。这款产品用不到 3 个月的时间，完成了超过 8 000 万的日活跃用户增长，这应该是移动互联网产品增长中的又一个历史性的纪录，所以现在也是抖音平台运营的红利期。图 1-2 所示为百度指数中的"抖音"移动端搜索量，可以看到 2018 年其整体数据攀升幅度很大。

图 1-2　"抖音"移动端搜索量

现在市场上同类短视频 App 有很多，为什么抖音能脱颖而出呢？下面首先来简单了解下它的平台特点和优势。

1. 平台特点

抖音是今日头条孵化的一款短视频社交 App，虽然是今日头条旗下产品，但在品牌调性上和今日头条不同。今日头条的品牌调性更接近快手，用户基本集中在三、四线城市及广大农村地区，内容比较接地气；而抖音瞄准的大多是一、二线城市的年轻用户，85% 以上的用户是"95 后"和"00 后"人群，因此内容更加潮酷和年轻。

 品牌调性是基于品牌或产品的外在表现而形成的市场印象，从品牌与产品人格化的模式来说，等同于人的性格。

在功能方面，抖音与快手非常相似，两款社交短视频产品也经常被进行比较。两者最大的区别还是品牌调性和用户画像，快手更加"真实"和"接地气"，而抖音更加"高大上"和酷炫。

2. 内容特点

抖音最初的定位是"音乐短视频 App"，内容主要是音乐类视频，还有些其他才艺表演，后来随着用户量的增长，内容也越来越丰富多元。打开抖音 App，可以看到各种"逆天化妆术"、街头跑酷、影视剧片段模仿，以及趣味恶搞等内容，最直观的感受就是有创意、有趣、高颜值和潮流酷炫，如图 1-3 所示。所以说，抖音之所以能从众多短视频 App 中脱颖而出，关键之一就是这些好玩又有趣的视频内容。

其实，很多其他 App 也有很多有趣的内容，如小咖秀等，如图 1-4 所示。而抖音之所以能超越这些 App，主要归功于用抖音拍摄小视频时，用户可以添加很多玩法和特效，可以通过视频拍摄的速度快慢，以及原创特效（如反复、闪一下以及慢镜头等）、滤镜和场景切换等技术，让视频更具创造性，一秒变大片。再加上抖音的配乐，经常是一些电音和舞曲，使大多数作品节奏感很强、有魔性，给人感觉比较酷、炫、潮。用抖音拍摄短视频，制作难度非常低且易上手，普通用户也可以做出好玩、炫酷的短视频。

图 1-3　抖音平台上有趣的创意短视频　　　图 1-4　小咖秀 App

以上这些就是抖音平台的特点和优势了。对于用户来说，每天无聊时打开抖音 App 就能看到各种好看、好玩、有意思的视频，可以为平凡枯燥的生活增添很多乐趣。同时，当用户有想法和创意时，又可以快速创作出酷炫的

大片作品,秀出自己的高颜值和才艺,满足表现欲和创作欲。另外,抖音的社交属性可以让用户看到并认识很多有趣的朋友,所以说抖音能"火"也是一种必然。

1.1.2 抖音的定位

抖音 App 之所以能够快速火爆起来,离不开其精准的产品定位,主要包括以下几个方面。

(1)市场定位:深度挖掘和开发本土市场,基于国内年轻人的喜好和口味来打造产品。

(2)平台定位:依赖于今日头条平台强大的大数据技术优势,实现算法推荐,打造基于 AI(Artificial Intelligence,人工智能)记录美好生活的短视频平台,如图 1-5 所示。

(3)用户定位:更多的是针对普通的用户群体,社交属性非常强,从而生成更多的优质 UGC(User Generated Content,用户原创内容)内容,如图 1-6 所示。

图 1-5　抖音的平台定位

图 1-6　抖音的用户定位

(4)营销定位:基于"智能 + 互动"的营销新玩法。企业运营抖音的目的无非就是做品牌营销,扩大品牌影响力。但这只是个笼统的概括,更深层次的目的是,在短视频领域积累品牌自身的流量池,并尽量与其他平台的流量池互联互通、互相导流。

短视频平台的发展趋势十分明显,就是算法推荐机制。用户点赞一个视频的动力远远超过关注一个账号,这对品牌方而言来说并非好事,品牌方更需要的是用户关注账号,以便后续的触达、转化。

1.1.3
抖音的技术应用

抖音的技术应用主要包括以下几个方面，如图 1-7 所示。

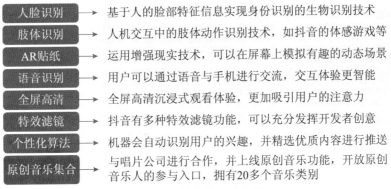

人脸识别 →	基于人的脸部特征信息实现身份识别的生物识别技术
肢体识别 →	人机交互中的肢体动作识别技术，如抖音的体感游戏等
AR贴纸 →	运用增强现实技术，可以在屏幕上模拟有趣的动态场景
语音识别 →	用户可以通过语音与手机进行交流，交互体验更智能
全屏高清 →	全屏高清沉浸式观看体验，更加吸引用户的注意力
特效滤镜 →	抖音有多种特效滤镜功能，可以充分发挥开发者创意
个性化算法 →	机器会自动识别用户的兴趣，并精选优质内容进行推送
原创音乐集合 →	与唱片公司进行合作，并上线原创音乐功能，开放原创音乐人的参与入口，拥有20多个音乐类别

图 1-7 抖音的技术应用

图 1-8 所示为基于增强现实技术打造的 AR 贴纸功能，为用户提供更多的创意玩法，产生不同的酷炫且有趣的内容。

图 1-8 AR 贴纸功能

1.1.4
抖音的热门领域

抖音上涉及的热门领域非常多，包括游戏、旅行、萌宠、萌娃、体育、时尚，以及美食等，如图 1-9 所示。

图 1-9 抖音上的游戏、萌宠、萌娃等热门行业内容

同时，各行各业尝试运营抖音的企业也不少，但许多企业并没有找到运营抖音合适的方法和套路，那么企业应该如何运营好一个爆款的抖音号？抖音的火爆已经不用多说，作为短视频的头部 App，抖音已经从微信手中夺走不少的用户时间。现在如果说做新媒体运营或品牌推广，"双微一抖"都是首先需要考虑的平台。

"双微一抖"是指微信、微博和抖音3个平台。

很多企业都在尝试进入抖音平台，但是除了新媒体内容公司（如"躺倒鸭""洋葱视频"旗下账号等）做得风生水起外，却很少看到"头部蓝 V"的出现。这并不是抖音对企业"免疫"，而是许多企业还没有找到运营抖音合适的方法和套路。

这里做一个简单的结论：普通企业运营抖音类短视频时，更应该做技能类、知识类视频，这也是每个企业都能做的内容。

1.1.5 抖音的营销趋势

从 2018 年年初开始，抖音就已经慢慢地挤掉了微信、微博和今日头条等一系列耳熟能详的应用，长期占据了各大应用商店的下载榜第一名。越来越多的品牌开始驻扎抖音，在这个"魔性"的内容社区中，展现了丰富的新潮营销玩法。图 1-10 为抖音平台的品牌营销趋势。

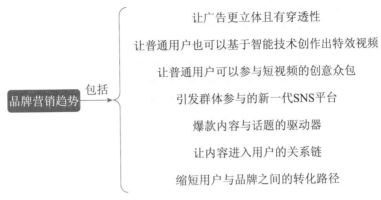

图 1-10　抖音的品牌营销趋势

抖音是目前非常火爆的短视频平台，很多人都在刷抖音，用户不仅包括支付宝、美团外卖等大型机构和企业，如图 1-11 所示；同时，抖音平台上还有很多明星在不断加入，甚至连很多官方机构都开始加入抖音，前景非常好。

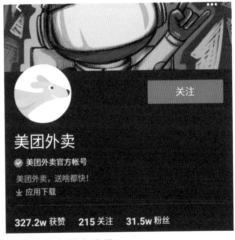

图 1-11　支付宝和美团外卖的官方抖音账号

在市场方面，抖音的软文推广和"带货"能力都很好，那些拥有百万粉丝的账号，它们接一个广告的费用就是好几万元。随着抖音从一、二线城市开始向三、四、五线城市扩展，用户越来越多，市场也越来越好，抖音的前景和市场也是相辅相成的。

1.1.6
抖音的运营机制初探

虽然抖音与今日头条的定位不同，但今日头条却把自己最擅长的运营机制和智能推荐算法用到了抖音平台上。对于新用户，抖音会优先推荐播放量及点赞较高的优质视频，快速地吸引并留住用户。而在后续的使用中，抖音还会根据用户的地理定位、年龄及喜好，不断优化自己的算法，从而不断贴近用户的审美和偏好。很显然，抖音在以下几个运营方面走在了前边，如图1-12所示。

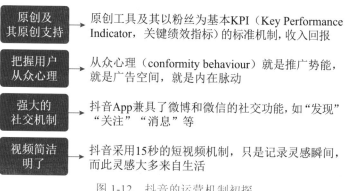

图1-12　抖音的运营机制初探

在运营机制上，抖音集各种优点于一身，甚至很多人说"抖音有毒"，会消耗人们大把的碎片化时间，"凌晨还在刷，不刷睡不着"的现象很常见。同时，明星入驻，风靡国外，更加说明了抖音不是一种简单的成功，它的崛起绝不是偶然的。

了解抖音 App 的界面功能

抖音既具有工具属性，如拍摄和制作短视频功能，又具有社交属性，如分享和关注等。本节主要分析抖音的界面功能，来看看它究竟为何成为年轻人喜欢的 App。

1.2.1 "首页"界面：推荐和同城入口

注册并登录抖音后，首先出现的就是"首页"界面，同时自动播放视频，显示相关的视频信息，如图 1-13 所示。

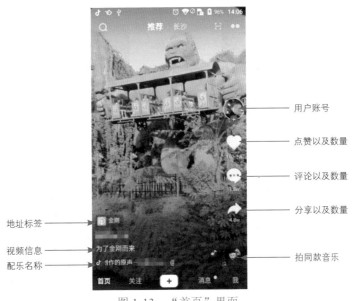

图 1-13 "首页"界面

点击用户账户下面的"+"按钮，即可关注该用户，点击"点赞""评论"或"分享"按钮，即可进行相应的操作。另外，双击视频也可以进行快速点赞，如图 1-14 所示。单击视频界面则可以暂停播放，便于进行截图等操作，如图 1-15 所示。

图 1-14　快速点赞　　　　　　　图 1-15　暂停播放

"首页"界面包括"推荐"和"同城"两个模块。"同城"会自动定位用户所在的城市，并推荐附近的优质短视频内容，如图 1-16 所示。在视频封面下方还会显示相应的地址标签、视频信息和用户账号等内容。

图 1-16　"同城"界面

在"同城"界面中，点击右上角的"切换"按钮，用户还可以切换查看其他抖音热门城市的本地化内容，如图 1-17 所示。点击右侧的字母序列，还可以快速查找该字母拼音开头的城市名称，便于用户查找。

图 1-17　切换查看其他城市的短视频内容

1.2.2 "关注"界面：已关注用户动态

"关注"界面主要包括热门直播入口和用户关注的账号短视频动态，其中短视频内容会自动播放，如图 1-18 所示。

图 1-18　"关注"界面

向下滑动屏幕，可以查看更多的关注账号发布的短视频内容，同时还包括了点赞、评论、转发、分享，以及发布日期等信息。另外，点击视频右下角的播放▶和暂停⏸按钮，可以播放和暂停短视频，如图 1-19 所示。

图 1-19 播放和暂停短视频

1.2.3
"消息"界面：粉丝和评论管理

"消息"界面主要包括粉丝、赞、@我的、评论 4 个主要功能，同时还有游戏小助手、抖音小助手及系统消息等功能，如图 1-20 所示。点击"粉丝"按钮进入其界面，可以查看近期关注你的用户信息，如图 1-21 所示。

图 1-20   "消息"界面   图 1-21   "粉丝"界面

点击"抖音小助手"按钮进入其界面，用户可以参加一些抖音的热门话题，获得更多上热门的机会，以及获取更多的点赞，如图 1-22 所示。

图1-22 "抖音小助手"功能

1.2.4
"我"界面：个人设置和作品管理

　　"我"界面主要包括账号信息设置和作品管理两大功能。"我"界面上方显示了用户的头像、抖音号、简介、标签及粉丝数量等信息，如图1-23所示。点击设置按钮 进入其界面，可以设置相关的账号资料和其他信息，如图1-24所示。

图1-23 "我"界面　　　　　图1-24 "设置"界面

　　下方则显示了"作品""动态"和"喜欢"等信息，"作品"界面显示了用户拍摄的所有作品列表，"动态"界面则可以预览短视频内容，"喜欢"界面包含了用户收藏的短视频内容，如图1-25所示。

图 1-25　"作品""动态"和"喜欢"界面

新功能：抖音的实用新功能

在"设置"界面的底部，或者点击"关于抖音"按钮，都可以查看抖音版本信息，如图 1-26 所示。由于抖音更新比较快，因此本节主要介绍 2018 年以来抖音更新的一些实用新功能，并不针对某个版本，以帮助大家更好地运营抖音软件。

图 1-26　查看抖音 App 的版本信息

1. 动态壁纸

安卓系统手机用户可以在分享功能里直接将抖音上喜欢的短视频设置成动态壁纸，不过需要安装抖音插件，如图 1-27 所示。

图 1-27　设置动态壁纸

苹果手机 6S 以上机型的用户，也可以将选中的抖音短视频保存在本地后，通过【设置】-【墙纸】-【选取新墙纸】，找到【Live】中的 live photos 选项进行动态壁纸的设定操作。

2. 信息流"广告"标识底色变化

此前，抖音信息流中的广告字体背景为蓝色、字体为白色，非常显眼。但现在"广告"字体的背景变为深灰色，没有之前那么强烈的不协调感，提高了用户的观看体验，如图 1-28 所示。

3. 拍照打卡地图

最能放松心情的方式，莫过于许自己一场说走就走的旅行。但对于爱拍照的文艺青年来说，在城市著名景点中留影的乐趣远不如光顾一些个性又奇特的"网红"打卡"圣地"，随手一拍都是大片的即视感。

图 1-28 信息流"广告"标识底色变化

为满足大家一睹"网红"打卡"圣地"坐标的心愿，抖音上线了"拍照打卡地图"功能，点击定位不仅能瞬间获得打卡地标的具体位置，还能看到曾经在这个地点定位过的其他用户视频，如图 1-29 所示。

图 1-29 "拍照打卡地图"功能

为帮助大家获取到第一批抖音同款"网红"景点，抖音官方还为大家准备了以下很多示范打卡地图。如北京的三里屯太古里和红砖美术馆，如图 1-30

所示；再如，上海的 1933 老场坊和武康大楼，如图 1-31 所示。

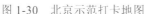

图 1-30　北京示范打卡地图　　　图 1-31　上海示范打卡地图

随着抖音的火爆，很多"网红"景点顺势打造爆款 IP。例如，赵雷的《成都》这首歌里唱的"玉林路"和"小酒馆"等地点，让不少年轻人慕名前往。这样的例子数不胜数，如"《西安人的歌》+摔碗酒"成就西安旅行大 IP，"穿楼而过的轻轨 +8D 魔幻建筑落差"让重庆瞬间升级为超级"网红"城市，"土耳其冰淇淋"让本就红火的厦门鼓浪屿吸引了更多慕名而来的游客。"网红"经济时代的到来，城市地标不再只是琼楼玉宇，它还可以是一面墙、一首歌、一座码头。

"抖音同款"为城市找到了新的宣传突破口，通过一个个 15 秒的视频，城市中每个具有代表性的吃食、建筑和工艺品都被高度地提炼，配以特定的音乐、滤镜和特效，重新进行演绎，呈现出了超越文字和图片的感染力。在过去，人们要描绘"云想衣裳花想容"这样的画面，得通过繁复的解释和描绘，但现在在抖音上发布一个汉服古装的挑战，所有人就能通过这些不超过 1 分钟的短视频，了解到其内涵。

此次"抖音地图打卡"功能上线，也为那些喜欢深度自助游的朋友，提供了观察一座城市的视角。同时，他们还可以通过这个功能找到和结识有共同爱好的朋友，从这个方面来说，这也是抖音在社交上的一种发力。

4. 搜索与抖音故事功能位置互换

抖音 App 推荐流首页的"发现"功能与"抖音故事"位置互换，如图 1-32

所示。更新前，在首页上右滑是进入拍摄界面，而在新版抖音首页中，右滑则会进入"发现"界面，如图1-33所示。

图1-32 搜索与抖音故事功能位置互换　　图1-33 右滑进入"发现"界面

改版前，曾有媒体将微视与抖音的界面进行了功能入口的对比，如图1-34所示。抖音的发现功能与搜索功能位于同一个入口，点击右上角的放大镜才能进入，多一次操作，入口比较深，而微视的发现功能在底部tab里就能找到，入口较浅。

图1-34 左图为抖音界面，右图为微视界面

入口的深浅程度不同，直接影响用户体验。"发现"界面的内容主要是

热门挑战和主题，用户可以查看当下热门挑战和热门的歌曲，当"发现"的入口明显时，更容易触达用户。在以前，抖音原本的"发现"入口也是位于底部 tab，之后因为在社交上的发力，则用"关注"替代了"发现"。

这次的位置调换与右滑功能的改动，也是抖音为加强用户体验的一种行动。另外，随着抖音图片视频和上传视频等功能的逐渐完善，底部"+"按钮囊括了目前抖音所有的视频上传制作、BGM（Background music，背景音乐）选择的功能，因此更新前的右滑进入拍摄界面功能已经没有什么意义了。

5. "照片电影"功能

随着版本更新，抖音短视频客户端开始支持生活照片直接生成短视频操作，视频制作门槛再次降低。❶在拍摄界面点击右下角的"上传"按钮，并选择相应照片，最多选择 12 张；❷然后点击"生成照片电影"按钮，选择合适的滤镜、配乐、切换效果和封面；❸点击"下一步"按钮即可，如图 1-35 所示。

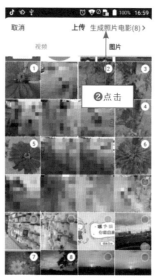

图 1-35　"照片电影"功能

1.3 抖音账号的基本设置技巧

抖音的运营细节和运营技巧也是一样的逻辑，它的思维点是相同的。试想一下，用户在刷抖音的时候，通常是利用碎片化的时间快速浏览，当他浏览到一个页面的时候为什么会停下来？他停下来最根本的原因是被表面的东西吸引了，并不是具体的内容，内容是用户点进去之后才能看到的。那么，表面的东西是什么？包括你的整体数据和封面图，以及账号对外展示的东西，如名字、头像、简介和标题等。

1.3.1 注册：抖音账号的类型

抖音的账号注册比较简单，用户可以用手机号进行验证登录，如图 1-36 所示。同时，用户也可以直接使用头条号、QQ 号、微信号和微博号等第三方平台账号进行登录，图 1-37 所示为用 QQ 号进行授权登录。

图 1-36　抖音登录界面　　图 1-37　用 QQ 号进行授权登录

如果你深度体验过抖音，就可以发现抖音上向你推荐的账号可以划分为两大类："过把瘾就完了"和"次爆款专家"。

图1-38　"过把瘾就完了"的账号示例

1. 过把瘾就完了

大多数抖音账号都属于"过把瘾就完了"，这类账号的明显特点就是，有爆款视频，爆款视频的点赞量可能是数十万到数百万。但是，当你翻开该账号的主页时会发现，这类账号其实拍过不少短视频，但大多数的视频都不温不火，没有太多的点赞量，而你看到的视频仅仅是该账号少数几个爆款视频之一。大概就类似于下面这个账号的情况，如图1-38所示。

这类账号产生爆款视频更多因素是偶然，偶然在生活中拍到了一些有意思的场景，或者自拍一些舞蹈之类的内容，某一个或几个视频偶然火了。然而，他拍摄的大多数内容都不太成功，也就只能"过把瘾"，难以持续产出高质量内容，用户看到这个情况以后并不会产生关注的冲动。

"过把瘾就完了"是大多数个人用户和企业用户的现状。当然，更多的账号从来没出过爆款。粗略估计，这类账号的总点赞和关注比多数在10：1以下，如果是视频不多的新账号，或者有颜值优势，或者品牌名气大，可能关注转化的比例会更高一些，能达到5：1。

但总体来说，这类账号并不应该是企业运营抖音所追求的，用户对于视频内容的评价太不稳定，一定程度上要靠运气，而且关注比例过低导致运营效率并不高。

2. 次爆款专家

这类账号的主要特点就是，大多数视频的点赞量都不算特别高，可能都处于几万到几十万的区间内，或者偶尔会有上百万点赞量的视频。不过，这类账号有一个特点就是，点赞量相对均匀，不会出现只有几百赞的情况。

这类账号的视频都能获得一定的传播量、点赞量，但很难达到整个抖音平台的爆款视频的高度，可将其称为"次爆款专家"。大概类似于下面这个账号的情况，如图1-39所示。

"次爆款专家"账号更多是团队体系化运营的结果，不少是新媒体内容公司运营的相关账号。与"过把瘾就完了"的账号不同之处在于，"次爆款专家"的作品质量较为稳定，面向人群可能会比较集中、精准。当用户被推荐了一个这样的视频后，通常会去查看该账号还有没有类似的视频，当他看到该账号的视频列表，发现其内容都不差的情况下，用户很可能就会关注该账号。

图1-39　"次爆款专家"的账号示例

这种"次爆款专家"不但视频质量、点赞量和播放量都比较稳定，而且能够将游客转化到自有的流量池中，以便后续深入挖掘用户的价值。粗略估计，这类账号的点赞量与关注量比例多在10：1以上，若是内容足够精准垂直，或者更加有趣，这个比例甚至能达到2：1以上。总体来说，这种稳定、优质、高转化的"次爆款专家"是企业运营抖音账号的目标。

3. 为什么会出现这两类账号

当然，抖音上还有许多杂七杂八的小账号和一大堆不知名的账号，但上面这两种账号可以被明显划分出来。

为什么会慢慢出现这两大类账号呢？

这个要从抖音的视频推荐机制说起，抖音采用的是一种"流量赛马机制"，简单来说就是：会先给拍好的新视频一点小流量，然后根据同类视频对比各项指标（比如点赞量和播完率等），PK胜出后，再逐渐多给些流量。

这样只要视频的各项指标够好，就能不断获得新增的流量，如果在某个PK环节中被比下去，那么平台就不再会给其更大量级的流量。这个"流量赛马机制"，其实跟各种比赛选秀PK的规则差不多。

但是，正因为抖音的这种"流量赛马机制"，那类"次爆款专家"的账号也仅仅止步于"次爆款"，因为这类账号所面向的人群往往相对精准，没有那么大众。当系统给予符合其目标人群的流量时，其视频内容会快速传播起来，但当给予的流量超出其目标人群时，数据就不一定很好了，最终无法PK胜出以获得更大流量，这也是"信息茧房"效应。

"信息茧房"是指主动或被动地只关注自己感兴趣的信息，从而形成信息壁垒。

例如，假如你是做苹果手机使用教程的视频，那么如果视频质量好，你的视频可以在苹果用户中快速传播。但是，如果系统给你安卓用户的流量，那么视频的各项指标就会被拉下来，系统就不会给你更多的安卓流量了。

当然，一些大众娱乐类的账号就会好很多。比如喜剧类的账号，面向人群足够广，但不可能每个企业做抖音账号都去发段子。另外，那些"过把瘾就完了"的账号的某个视频可能正好踩中了大众心理的需求点而爆红起来，但运营者却难以复制。

 1.3.2
认证：包装账号更完美

用户要想在抖音平台上占据一方阵地，首先要有账号。有了账号，能发布视频还不够，还必须认证，这样才能有一定的身份。

用户可以在抖音的"设置"界面中选择"账号与安全"选项进入其界面，然后选择"申请官方认证"选项，如图1-40所示。进入"抖音官方认证"界面，可以看到个人进行认证需要满足3个条件，分别是发布视频不少于1个、粉丝数量不少于1万、绑定手机号，满足条件后可以点击"立即申请"按钮，如图1-41所示。

图1-40 选择"申请官方认证"选项　　　图1-41 "抖音官方认证"界面

如果你是进行机构认证，则还需要上传一些机构证明资料。

申请之后只需要等待抖音官方的审核，只要你的资料属实，审核会很快通过的。审核通过后就会在个人资料里显示出官方认证的字样了，个人认证为黄色的"V"，企业机构认证为蓝色的"V"，如图 1-42 所示。

 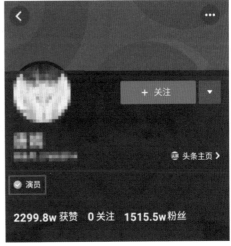

图 1-42 官方认证账号示例

同样的内容，不同的账号发出来的效果是完全不一样的，尤其是认证和没有认证的账号，差距非常大，为什么会出现这种情况？因为抖音平台在给你一定流量和推荐的时候，其实也要参考你的账号权重。

做过今日头条的用户就会发现，老账号的权重和新账号的权重，以及开了原创和没有开原创的账号，它的区别很大。在抖音上面也是一样的，一个没有加"V"的账号很难超过一个加"V"的账号，因此账号包装非常重要。

当你注册抖音账号后，即使是付费，也要让你的账号绑定一个认证的微博，之后你的抖音号就会显示加"V"。如果你的头条号已经是加"V"的，也可以绑定你的头条号，同时还可以绑定火山小视频、微信、QQ 及手机号等，所有的真实信息全部完善，这样账号包装才能做到非常完美，此时再发布内容，得到流量和推荐会更大。

1.3.3
名字：看得懂、记得住

抖音的名字需要有特点，而且最好和定位相关。例如，"不会画画的设计师不是好肥宅"，名字不仅特别，而且通俗易懂，如图 1-43 所示。

图 1-43　账号名字

抖音修改名字也非常方便，可以进入"设置"界面，选择"编辑个人资料"选项进入其界面：❶ 点击"昵称"一栏，如图 1-44 所示，进入"修改昵称"界面；❷ 在"我的昵称"文本框中输入新的名字，如图 1-45 所示；❸ 点击"保存"按钮保存，即可修改账号名字。

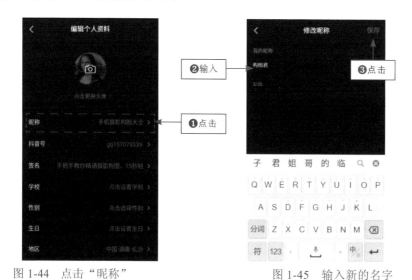

图 1-44　点击"昵称"　　　　　　　图 1-45　输入新的名字

抖音名字设定的基本技巧如图 1-46 所示。

名字设置技巧 ——包括——→ 名字不能太长，太长的话用户不容易记忆，通常为3~5个字即可

最好能体现人设感，即看见名字就能联系到人设。人设是指人物设定，包括姓名、年龄、身高等人物的基本设定，以及企业、职位和成就等背景设定

图 1-46 抖音名字设定的基本技巧

1.3.4
头像：展现最美的一面

抖音账号的头像也需要有特点，必须展现自己最美的一面，或者展现企业的良好形象。用户可以进入"编辑个人资料"界面，点击头像即可修改，有两种方式，分别是从相册选择和拍照，如图 1-47 所示。另外，在"我"界面点击头像，不仅可以查看头像的大图，还可以对头像进行编辑操作，如图 1-48 所示。

图 1-47 更换头像的两种方式　　　图 1-48 查看头像的大图

抖音头像设定的基本技巧如图 1-49 所示。

头像设置技巧 ——包括——→ 头像一定要清晰

个人人设账号一般使用主播肖像作为头像

更容易引起广大人群的情感共鸣团体人设账号可以使用代表人物形象作为头像，或者使用公司名称、LOGO等

图 1-49 抖音头像设定的基本技巧

1.3.5 简介：一句话解决

抖音的账号简介通常是简单明了，一句话解决，主要原则是"描述账号＋引导关注"，基本设置技巧如下。

- 前半句描述账号特点或功能，后半句引导关注，一定要明确出现关键词"关注"，如图 1-50 所示。
- 账号简介可以用多行文字，但一定要在多行文字的视觉中心出现"关注"两个字。
- 用户也可以在简介中巧妙地推荐其他账号，但不建议直接引导加微信等，如图 1-51 所示。

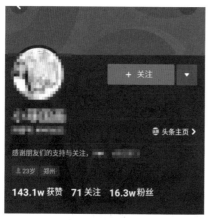
图 1-50　在简介中引导关注

图 1-51　不建议直接引导加微信

1.3.6 封面：要做"标题党"

抖音封面能够决定用户对你的作品的第一印象，如果封面足够吸引人的话，还能够给你增加很多人气。抖音的短视频封面要有主人公，要做一个"标题党"，可以参考电影海报的感觉，如图 1-52 所示。

建议用户结合要输出的内容展现特点，有设计性地去做一张封面图，基本技巧如图 1-53 所示。

另外，抖音的默认封面设置为动态展现效果，进入个人主页后，可以看到很多作品的封面都是动态展示的，此时那些有趣的内容就能够吸引用户点击观看，如图 1-54 所示。

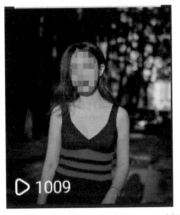 

图 1-52　封面要有主人公

封面设置技巧 ─包括→

- 能发封面图的一定要做封面图，比如剧情类、实用知识类视频
- 能在封面图上做标题的，一定要加上标题，用字体、颜色或者字号的变化来突出主题，一方面可以吸引用户阅读，一方面还能方便用户点击
- 封面图最少22帧，一般时间留够1秒即可，也可以专门针对那一秒的视频做一些效果处理，让它适合作为封面图
- 封面图的背景要干净，颜色尽量单一，并有一定的视觉冲击力

图 1-53　抖音封面设定的基本技巧

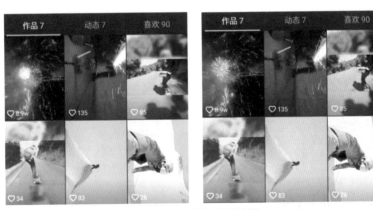

图 1-54　动态封面效果

当然，也有一些粉丝不是很喜欢这种动态封面效果，此时用户也可以根据需要来选择关闭动态封面功能。进入"设置"界面，选择"通用设置"选项，如图1-55所示。进入"通用设置"界面，将"动态封面"功能关闭即可，如图1-56所示。

图 1-55 选择"通用设置"选项　　图 1-56 关闭"动态封面"功能

1.3.7
标题：简短且能吸引人

抖音的内容标题不宜太长，通常要在 2 行内结束，如图 1-57 所示。用户可以在标题的最后 @ 抖音小助手，如果被他看到且你的内容足够好，就有机会上精选，如图 1-58 所示。

图 1-57 抖音内容标题　　图 1-58 标题的最后 @ 抖音小助手

第／2／章／

定位：带你快速破解抖音的商机密码

不是每个人都是"大 V"，但不想成为"大 V"的用户不是好的抖音用户。虽然大部分视频都只有 15 秒，但很多时候都不是简单的 15 秒。首先，定位的意义和重要性人尽皆知，而且由于抖音对视频质量要求较高，所以创作者们在这些方面都要下苦功。

🔍 2.1 　账号定位：一个账号只专注一个领域　▼

🔍 2.2 　用户定位：分析用户画像和人群特征　▼

🔍 2.3 　内容定位：5 个方向，收集和整理内容　▼

账号定位：一个账号只专注一个领域

从注册一个抖音新号开始，不管是个人号还是企业号，首先我们要定位的就是原创号，自己拍摄制作视频，而不是搬运，这是最基本的条件，接着就是做好账号定位。账号定位直接决定了我们的涨粉速度、变现方式、赚钱多少、赚钱的难度及引流的效果，同时也决定了我们的内容布局和账号布局。

2.1.1 第一步：垂直定位

首先，一个抖音账号要有明确清晰的定位，做垂直领域的内容。现在抖音垂直领域视频接近饱和，需要另辟蹊径，开发全新的领域。

以抖音上爆火的一个账号"脑洞训练剧场"为例，该账号开拓了"烧脑悬疑推理"这一视频领域，精心拍摄制作了一系列悬疑推理视频，并在视频中留下悬念，吸引大量的评论，如图2-1所示。该领域视频内容在抖音平台非常稀缺，但却拥有极大数量的潜在爱好者，优质的悬疑故事自然能激起用户的关注和点赞。

例如，该账号发布的某个视频，在一分钟内讲述了精神分裂的男主角分裂出4个女朋友的故事，二人对话疑点重重，道具细节安排缜密，逻辑性强，以细节与旁白推动着故事的发展。男女主角表演精湛，布光、剪辑到位，处处营造着悬念丛生的氛围，制作精良。整个故事细思极恐，堪比悬疑电影，而且开放式的结尾又很有效地吸引用户评论故事真相，如图2-2所示。同时，该账号采用连续式情节让用户关注账号，期待下一期的解谜，因此粉丝增量十分迅速，如图2-3所示。

图 2-1 "脑洞训练剧场"开拓"烧脑悬疑推理"视频领域

图 2-2 开放式的结尾 图 2-3 连续式情节

抖音账号定位的核心秘诀：一个账号只专注一个领域（垂直定位），不能今天发美食，明天发英语，后天发游戏。大家在布局抖音号时，应重点布局三类抖音，如图 2-4 所示。同时，用户在制作视频内容的时候必须定位好，不能随意去定位，要不到后面你会发现越更新越难，越更新越累，乃至没有内容更新。

图 2-4 重点布局的三类抖音号

简单来说，一个抖音号只定位一个领域的内容，只定位一类人群，其他人群就不要再在这个抖音号上分享了。比如，某个抖音号定位的是视频营销，那么关于社群营销和网络推广等其他方法的内容就不要再在这个号上分享了，因为视频营销和社群营销的人群不一样，表面上看是一样，但真正吸引过来的目标客户群体完全是两个群体。因为这两个群体关心的问题不一样，一个是关心怎么通过视频开发新客户。另一个是关心怎么利用社群开发新客户。

在抖音上，我们要分别运营，因为如果你今天分享视频营销，明天分享社群营销，那么可能关注社群营销的人可能会取消关注你，因为你分享的视频营销他不喜欢，反之也是如此，"掉粉率"会比较高。记住：账号定位越精准、越垂直，粉丝越精准，变现越轻松，获得的精准流量就越多。

2.1.2 第二步：竞品分析

竞品主要是指竞争产品，竞品分析就是对竞争对手的产品进行比较分析。在做抖音的账号定位时，竞品分析非常重要，如果该领域的竞争非常激烈，除非你有非常明确的优势，能够超越竞争对手，否则不建议进入。竞品分析可以从主观和客观两个方面同时进行，主要方法如图 2-5 所示。

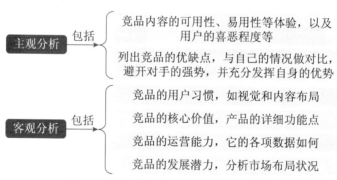

图 2-5 从主观和客观两个方面分析竞品

用户在做竞品分析时，同时要做出一份相应的竞品分析报告，内容包括体验环境、市场状况、行业分析、需求分析、确定竞品、竞品对比（多种分析方法）、商业模式异同、业务/产品模式异同、运营及推广策略，以及归纳和结论等。

竞品分析可以帮助用户更好地找到内容的切入点，而不是竞争对手做什么内容，自己就跟着做什么内容，以免最终走向严重同质化内容的误区。

所以，用户一定要多观察同领域的热门账号，及时地了解对手的数据和内容，这件事需要用户持之以恒地去做，可以有效提升自己账号的竞争优势。即使用户不能击败自己的竞争对手，也一定要向其学习，这将帮助用户更有效地做好自己的抖音定位和运营优化。

2.1.3
第三步：深度内容

账号定位好之后，接着就是做深度内容了。说白了，就是只更新跟你当前定位的领域相关的内容，在这个抖音号不要分享其他领域的内容。

为什么只更新深度内容，还是那句话：什么样的定位，吸引什么样的目标人群。所以，我们有什么样的定位，直接决定了我们要更新什么样的内容，也决定了抖音号的运营方向，以及我们最终该靠什么赚钱。

例如，"慧慧周"是由拍照自修室推出的一个专注于短视频后期的抖音号，专门深挖和分享一些火爆的视频后期技巧，深受广大摄影爱好者的喜好，作品的各项数据都非常优异，如图 2-6 所示。

图 2-6　抖音号"慧慧周"

同时，"慧慧周"在变现环节也是依靠抖音的商品橱窗功能，来出售视频中出现的各种素材，用户可以在抖音上选择商品直接跳转到淘宝店铺购买，从而实现内容变现，如图 2-7 所示。

所以，深度内容是校正账号定位最重要的环节，成败就在此一举。同时，垂直定位和深度内容也是用户能够持续更新优质原创视频的两个核心因素。定位做好后，内容就非常容易分享了，至少你的 15 秒抖音内容方向已经确定，你不会再迷茫。用户可以根据自己行业、领域进行抖音号的定位，并找到自己的深度内容。

图 2-7　通过出售内容素材实现变现

2.1.4
第四步：用户喜欢

抖音的账号定位是方向（战略），深度内容是细节（落地），而用户喜欢才是最关键的。在抖音火的内容，首先具备的条件就是符合抖音规则的原创内容。

接着要具备第二个条件就是用户喜欢，具有参与感、"吐槽感"和互动感的内容。用户不喜欢的内容，基本上比较难火。比如好玩、有趣和实用等都是很好的内容方向，至于你到底适合哪个方向，则要看你的账号定位。

如果用户分享的是一些技能或技巧，一定要简单、实用，不能太复杂，越简单传播越广。另外，这个方法或者经验最好首次分享，则更容易火起来，几十万、上百万播放量都很轻松，千万播放量、亿级播放量可能都很容易突破。因此，用户一定多看热门视频，不要光靠自己想，光想没用。在抖音，几十万粉丝的抖音号非常多，千万级别播放量的视频也很常见，这没什么好稀奇的，也没什么好怀疑的。

做抖音除了要知道推荐规则之外，还要知道哪些人爱看爱玩，否则你拍了抖音都不知道哪些人看，那就很难取得成功。很多人觉得抖音上大部分都是年轻人，以"90后"和"00后"居多，但是实际上"70后""80后"，甚至"60后"玩的人也不少，所以有时候我们的感觉也不一定完全正确。

因此，用户只有明白了自己账号针对的人群特色，才能有效地制订出针对他们的营销方案，做出他们喜欢的内容。

2.1.5
第五步：持续分享

持续分享是最重要的环节！那些有几十万、上百万粉丝的抖音号，除了定位精准、聚焦行业，更新实用的内容，最重要的一招就是每日或每周更新至少一个原创优质视频。这才是"涨粉"的关键，否则对于大部分普通人来说，积累几十万粉丝相对容易，但上百万粉丝就比较难做到了。例如，浙江卫视的官方抖音号每天都会更新几条短视频，内容以电视台的热门节目为主，如图2-8所示。

图2-8　"浙江卫视"抖音号每天持续更新内容

持续分享是抖音"涨粉"100万的必备条件，包括我们做其他任何事情都是如此，必须要坚持。实际上每天坚持一件事是挺难的，但抖音运营者们一定要挺住，坚持每日或者每周更新这样的稳定更新机制，三天打鱼，两天晒网，不会长久。

2.2 用户定位：分析用户画像和人群特征

在目标用户群体定位方面，抖音是由上至下地渗透。抖音在刚开始推出时，市场上已经有很多的同类短视频产品，为了避开与它们的竞争，抖音选择在用户群体定位上做了一定的差异化策划，选择了同类产品还没有覆盖的那些群体。如图2-9所示，为头条指数发布的"抖音企业蓝V白皮书"中的抖音基础用户画像分析。

本节主要从年龄、性别、地域分布、职业和消费能力5个方面分析抖音的用户定位，帮助运营者了解抖音的用户画像和人气特征，更好地做出针对性的运营策略和精准营销。

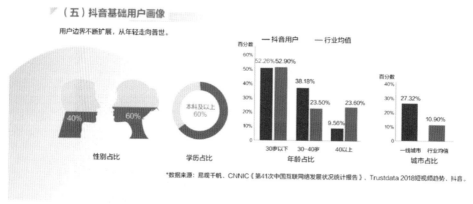

图 2-9　抖音基础用户画像分析（数据来源"抖音企业蓝V白皮书"）

2.2.1 年龄：以年轻用户为主

抖音平台上 80% 的用户在 28 岁以下，其中 20 ~ 28 岁用户比例最高，也就是"90后"和"00后"为主力人群，整体呈现年轻化趋势。这些人更加愿意尝试新的产品，这也是"90后"和"00后"普遍的行为方式。图 2-10所示为 QuestMobile（北京贵士信息科技有限公司）发布的抖音和快手的相关数据，在性别、年龄和城市级别 3 个方面进行了深度对比，可以看到抖音平台的用户年龄更加年轻化。

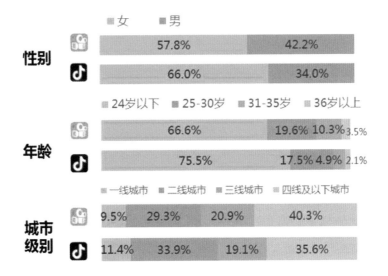

图 2-10　抖音和快手的相关数据（数据来源：QuestMobile）

　需要注意的是，本书借助了多个互联网数据平台的统计报告，对抖音用户进行分析，各个平台之间的数据会有所差异，但整体趋势差别不大，仅供参考。

2.2.2
性别：男女比例上女性居多

从 QuestMobile 的报告中可以看到，抖音的男女比例约为 3∶7，也就是女性比男性多一倍左右。首先，女性居多直接导致的结果就是消费力比较高，而男性占比较少，相对的消费力也不强。同样，根据极光大数据的报告显示，抖音中女性用户的占比达到 66.4%，显著高于男性，如图 2-11 所示。

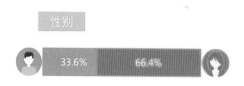

数据来源：极光大数据 iAPP 监测平台，取数周期：2018.02
该统计结果仅含独立应用端数据，不含其他平台导入数据

图 2-11　抖音平台的用户性别比率（数据来源：极光大数据）

2.2.3 地域：分布在一二线城市

　　抖音从一开始就将目标用户群体指向一、二线城市，从而避免了激烈的市场竞争，同时也占据了很大一部分的市场份额。当然，随着抖音的火热，其市场目前也在向小城市蔓延。根据极光大数据的分析报告显示，抖音平台的用户地域分布中，一、二线城市的占比超过 61.49%，而且这些地域的用户消费能力也比较强，如图 2-12 所示。

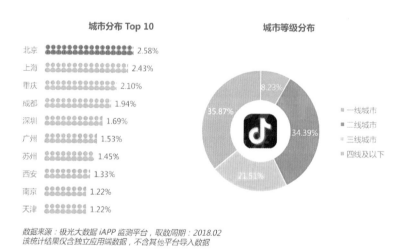

数据来源：极光大数据 iAPP 监测平台，取数周期：2018.02
该统计结果仅含独立应用端数据，不含其他平台导入数据

图 2-12　抖音平台的用户地域分布情况（数据来源：极光大数据）

2.2.4 职业：大学生、白领和自由职业者

　　抖音用户的职业主要为白领和自由职业者，同时大学生与踏入社会五年左右的用户也比较常见。另外，这些人都有一个共同的特点，就是特别容易

跟风，喜欢流行时尚的东西。例如，在抖音上很流行的"小了白了兔"绕口令话题，简单的旋律加上俏皮可爱的歌词，引起了很多用户跟风拍摄，跟朋友分享自己的口技，该话题的累计播放量达到了 1.5 亿次，如图 2-13 所示。

图 2-13 "小了白了兔"话题

2.2.5 消费能力：愿意尝试新产品

从上面的数据可以看出，目前抖音的人群大部分都属于中等和中高等层次消费者，这些人群突出的表现就是更加容易在抖音上埋单，直接就导致了他们的变现能力很强。另外，他们的购买行为还会受到营销行为的影响，看到喜欢的东西，更加容易冲动性消费。

内容定位：5个方向，收集和整理内容

做抖音首先需要找准定位，然后找准视频输出的形式。内容定位方面是比较简单的，用户可以从微博、知乎、百度等不同平台来收集和整理内容。

需要注意的是，账号定位的是目标客户群体，不是定位的内容。因为抖音的内容是根据我们目标客户群体来定位和制作的，不同的客户群体喜欢不同的内容，不同的内容会吸引不同的客户群体，我们必须把这个串联起来，因此还是要有布局思维。你要思考这些内容所面对的客户是不是你的客户，是不是你要的人群，是的话就可以做，不是的话就要更换。

2.3.1 在微博平台找热门话题

首先可以在微博上面寻找热门话题，进入微博主页后，可以在左侧的导航栏中选择"热门"标签，查看当下的热门事件，如图2-14所示。

图2-14　微博"热门"页面

另外，也可以在右侧的"微博新鲜事"和"微博实时热点"下方单击"查看更多"链接，找到更多的时事热点新闻，如图2-15所示。

图2-15 寻找更多的微博热点

另外，用户也可以在微博上寻找行业相关的专业内容。例如，用户可以直接搜索"摄影"关键字，下方会出现相关的热门搜索词和微博大V，如图2-16所示。

图2-16 微博搜索"摄影"关键字

单击搜索 Q 按钮后，用户还可以在出现的搜索结果中找到与摄影相关的文章、视频、图片和话题等内容，如图2-17所示。通过微博我们可以找到很多与自己账号相关的有用知识，我们可以进行学习和借鉴，并通过图文或者真人出镜的方式进行讲解。

图 2-17　微博搜索"摄影"的结果页

2.3.2
在知乎平台找专业知识

在知乎平台的顶部搜索栏中，可以输入想要的行业领域关键字，也能够找到很多相关的专业知识内容。例如，在搜索栏中输入"美食"，如图 2-18 所示。

图 2-18　在知乎搜索栏中输入"美食"

单击搜索🔍按钮，就可以找到很多美食相关的内容，如美食的摄影技巧、与美食相关的热门话题以及精彩问答等，这些都可以是我们进行短视频创作的内容源泉，如图 2-19 所示。

图 2-19 知乎平台"美食"搜索结果

2.3.3
在百度平台找各类资源

百度平台的功能比较全面，资源也非常丰富，包括有百度新闻、百度百科、百度贴吧、百度文库及百度问答等，这些地方都是抖音运营者收集资源的不错渠道。

（1）百度新闻——新闻资讯：该平台拥有海量的新闻资讯，真实反映每时每刻的新闻热点，用户可以搜索新闻事件、热点话题、人物动态及产品资讯等内容，同时还可以快速了解它们的最新进展，如图 2-20 所示。

图 2-20 "百度新闻"主页

（2）百度百科——百科知识：百度百科是一部内容开放、自由的网络百科全书，内容涵盖了绝大多数领域的知识，如图 2-21 所示。

图 2-21 "百度百科"主页

（3）百度贴吧——兴趣主题：百度贴吧是以兴趣主题聚合志同道合者的互动平台，主题涵盖了娱乐、游戏、小说、地区和生活等各方面的内容，如图 2-22 所示。

图 2-22 "百度贴吧"主页

（4）百度文库——在线文档：百度文库是一个供用户在线分享文档的平台，包括教学资料、考试题库、专业资料、公文写作，以及生活商务等多个领域的资料，如图 2-23 所示。

图 2-23　"百度文库"主页

（5）百度问答——知识问答：百度知道是一个基于搜索的互动式知识问答分享平台，抖音运营者也可以进一步检索和利用这些问题的答案，来打造更多的优质内容，如图 2-24 所示。

图 2-24　"百度问答"主页

2.3.4 在音频平台上收集稿件

热门的音频平台包括喜马拉雅 FM、千聊、荔枝微课等，上面有很多的音频内容，抖音运营者可以将其整理成稿件，最终输出为短视频内容。

例如，喜马拉雅 FM 的内容覆盖教育培训、相声评书小品、综艺节目、有声小说、新闻谈话、儿童故事、财经证券、健康养生及新闻谈话等多个领域，如图 2-25 所示。抖音运营者也可以收集与自己定位相关的音频资料，并将其转化为短视频。

图 2-25　"喜马拉雅 FM"主页

另外，用户还可以通过喜马拉雅 FM 的移动端来寻找内容。如情感类的抖音号可以在喜马拉雅 FM 的"分类"界面中选择"情感生活"选项，如图 2-26 所示；进入"情感生活"界面，即可看到很多相关的音频资源内容，如图 2-27 所示。

图 2-26　选择"情感生活"选项　　　　图 2-27　"情感生活"界面

2.3.5
自己生产内容

在运营抖音时，如果你自己能够生产出足够优质的内容，也可以快速吸引到用户的目光。抖音运营者可以通过为受众持续性地生产高价值的内容，从而在用户心中建立权威，加强他们对于你的抖音号的信任和忠诚度。抖音运营者在自己生产内容时，可以运用以下技巧，轻松打造持续性的优质内容，如图 2-28 所示。

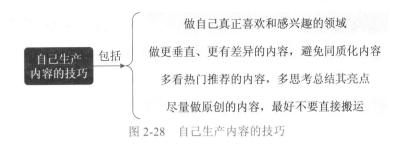

图 2-28 自己生产内容的技巧

/第/ 3 /章/

运营：熟知抖音运营的核心思维策略

抖音目前仍处于高速发展阶段，伴随着用户数量的不断增长，用户维度也越来越多。抖音总经理张楠在2018年3月的品牌升级发布会上表示宣布将原来的slogan"让崇拜从这里开始，专注新生代的音乐短视频社区"更换为"记录美好生活"，因为一、二线城市的"90后""95后"年轻人不再是主力军，抖音的目标用户现在是各个年龄段的广大民众。也就是说抖音已经不满足于维持现状，想要往更深一级的市场渗透了。"抖音热"到底是如何席卷全国的？本章就带大家探寻一下抖音平台的运营之道。

🔍 **3.1 盘点抖音平台基本运营策略** ▼

🔍 **3.2 掌握抖音运营的基本方法论** ▼

🔍 **3.3 抖音运营的技巧和注意事项** ▼

盘点抖音平台基本运营策略

如图 3-1 所示，为抖音在百度指数平台上的整体趋势分析，横坐标表示时间，纵坐标表示抖音的搜索指数，方框内是抖音重要的外部运营事件。

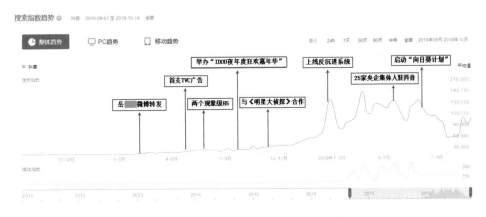

图 3-1　抖音在百度指数平台上的整体趋势分析

不难看出，抖音于 2016 年 9 月 26 日上线，经历了半年左右的蛰伏期。在这个阶段，抖音没有进行任何额外的推广和广告投放，而是在不断地完善自己的功能、强化社交属性及交互效果。而造就抖音产品的迅速扩散，尤为关键的一环便是这张图表上大事记。内外部运营策略的熟练使用，使得抖音热度持续飙升，本节将详细介绍抖音平台的基本运营策略。

3.1.1 外部运营策略

下面总结了几个抖音平台的外部运营策略。

1. 明星策略

如今这个时代，最快引领潮流的是明星效应。2017 年 3 月，明星岳××转发了一条与自己长相神似的女粉丝微博，微博下面带着抖音 App 的 Logo，此时抖音的热度开始上升，如图 3-2 所示。

随后，抖音又伴随着胡××、钟××、杜××及张××等明星玩家的加入，以及娱乐圈众多明星的推荐，粉丝经济推动抖音热度迅速蹿升。例如，2018 年 8 月 16 日，张××的新歌《不服来抖》"魔性"上线，这是一首为当下年轻人的"新宠"——音乐短视频应用"抖音"量身定制的歌曲，如图 3-3 所示。

图 3-2　岳×× 微博截图　　　　图 3-3　张 ×× 的新歌《不服来抖》

2. 合作营销

抖音通过寻找与自己精神契合的品牌，深化了品牌年轻化营销。例如，抖音搭上《中国有嘻哈》节目大火的快车，合作摩拜推出嘻哈 MV，同时还携手 Airbnb、雪佛兰及哈尔滨啤酒等品牌启动"抖音品牌视频广告首秀"计划等。如图 3-4 所示，为抖音与摩拜合作推出的酷炫 MV，并联合发布嘻哈主题车。

3. 公关传播

为了让更多人知晓抖音，从 2017 年 5 月开始，抖音集中式地在一些平台上投放公关文章进行传播。这些平台大多是垂直科技媒体或者一些大门户网站，既有抖音 App 的目标用户，又有大量的用户基础和文章推荐排名优势，对抖音的传播起到很好的推动作用。

图 3-4 抖音与摩拜合作

4. 线下活动

例如，抖音举办"IDOU 夜年度狂欢嘉年华"一类的年轻群体聚会，强化了抖音的社交属性，如图 3-5 所示。

图 3-5 "IDOU 夜年度狂欢嘉年华"线下活动

5. 传播性H5推广

抖音发布了《世界名画抖抖抖抖抖起来了》H5 作品，据悉这款 H5 的制作发布团队包括了奥美、IMAD 及微博等企业，可见此举是抖音倾力打造的重要推广环节，如图 3-6 所示。最终，这款 H5 取得了高口碑，刷爆了抖音粉丝的朋友圈。

H5是一种娱乐化社会营销新模式，它的制作流程非常简单快捷，却能呈现出奢华多变的画面形式，而且还可以精准投放保证传播效果；同时营销过程中的各种数据可以随时跟踪反馈，从营销到再营销，从传播到二次传播，是移动互联网时代不可多得的微营销工具。如今，H5已经成为各行各业必不可少的营销工具，可以帮助企业更好地吸粉引流、销售产品。

图 3-6　《世界名画抖抖抖抖抖起来了》H5 作品

3.1.2 内部运营策略

下面总结了几个抖音平台的内部运营策略。

1. 以运营需求所驱动的功能迭代

抖音运营驱动的产品需求贯穿整个产品发展过程，以 1.1.0—1.5.0 版本为例，可以看到，每个大版本都会有重要的运营需求加入，中间的小版本也会不断地补充完善新的运营需求，如图 3-7 所示。

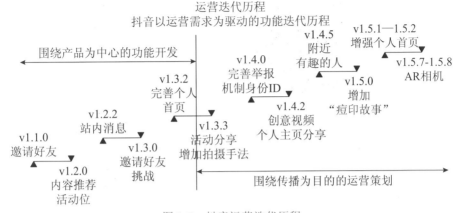

图 3-7 抖音运营迭代历程

例如，截至 2018 年 10 月，抖音 App 的版本已经更新到 v2.9.0，同时更新了设置个人页背景图和备注名两个功能。设置个人页背景图可以让用户的主页更加个性化。❶ 在"我"界面点击顶部的背景图；❷ 然后点击"更换"按钮，如图 3-8 所示。

图 3-8 更换背景图

更换个人页背景图有 3 种方式，分别是"拍一张""相册选择"和"从图库选择"。例如，选择"相册选择"选项即可在手机相册中选择一张自定义图片，进行相应的裁剪操作，即可作为背景图，如图 3-9 所示；选择"从图库选择"选项可以直接选择系统图库中的照片作为背景图，如图 3-10 所示。

图 3-9　设置自定义背景图　　　图 3-10　从图库选择背景图

可以说，抖音的个人页背景图是一个非常好打广告的展示区域。比如，经营服饰的用户个人页背景图可以设置成店铺的信息图片，开舞蹈工作室的用户个人页背景图可以设置成 Logo 图片等。

其次，该版本的抖音 App 还新增了备注名功能，让用户查找好友更快捷。进入好友的个人主页，点击右上角的 ••• 按钮进入"更多"界面：❶ 点击"备注名"一栏，进入"修改备注名"界面；❷ 在"备注名"下面的文本框中输入新的名称；❸ 点击"保存"按钮，即可修改好友的备注名，如图 3-11 所示。

 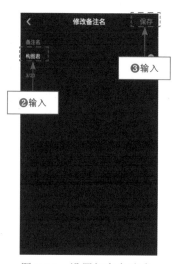 

图 3-11　设置好友备注名

2. 原创内容

高质量视频是抖音从众多竞争对手中脱颖而出的关键点之一，抖音通过多种方式来引导用户创作，如图 3-12 所示。

· 社区挑战
抖音在产品内的社区策划挑战活动，鼓励用户参与活动，创作视频，并将优秀的视频推荐到首页。

· 视频模板
抖音保持更新模板库，提供有意思的音乐和拍摄示例。

· 教学视频
抖音曾经专门出了App用以视频教学。现在抖音App内已经引入了抖音小助手用来引导教学。

图 3-12 抖音的原创内容运营

3. 内部活动

如图 3-13 所示，抖音 App 内经常发起各种线上挑战活动，获奖者会获得相应奖品及视频曝光率。抖音的线上线下活动并行，在生产优质内容的同时，强化社交属性及用户黏性。

图 3-13 抖音 App 内的线上挑战活动

上面列举了很多抖音的官方运营策略，其实笔者认为抖音的制胜基础是它明确的市场定位，而这些运营策略都是服务于它的定位。抖音最初给自己的定位很明确：年轻、15秒、音乐、社区，也就是高度聚焦人群、利用碎片化时间、发展重点领域、强调社交属性。因此，抖音这种清晰明确的定位，无论对吸引用户，还是对吸引品牌，都极为有益。

4. 用户分层

用户分层是抖音内部运营里的一个非常重要的手段，抖音在运营时就对用户进行了分层，并针对不同层级的用户提供不同的运营方式。

（1）普通用户

针对产品的普通大众用户，最重要的就是提高他们的使用体验。方法莫过于老生常谈的几种：维护好用户群、多建互动渠道、及时跟进反馈，以及快速更新等。

（2）明星

笔者推测抖音目前采用的是多对一邀请制，动用各方资源，花费大成本邀请明星入驻、使用或进行公关宣传。

（3）外部成名"网红"

外部"网红"主要是原本入驻在其他平台的"网红"和"大V"，笔者猜测抖音主要通过以下3种方式进行。

- 主动吸引：依赖平台的名气和用户量，吸引部分"网红/大V"主动入驻。
- 主动邀请：找到其他平台"网红"，然后一对一邀请，以流量扶持、良好服务和丰厚回报为诱饵。
- 重金挖掘：针对非常有名气的流量"大V"，依靠大成本去其他平台挖人，重金聘请。

（4）内部潜力"网红"

这一类用户顾名思义就是抖音的运营者从平台上发掘并培养起来的，针对这一类用户主要采取扶持和重点维护的策略。比如，建立专群维护、不定时礼物、拍摄帮助和资源倾斜等。

3.1.3 账号运营策略

用户在做抖音之前，必须有非常明确的账号运营策略，也必须清楚地知道，自己的产品或者服务是什么，想要吸引的目标人群到底是谁，以及这些人群可能会喜欢哪些内容。

不管是企业还是个人，想要在竞争激烈的泛娱乐领域成长起来，都不是一件容易的事。很多人做抖音都是为了引流变现，而精准的内容更容易吸引精准的流量。在互联网行业，女性粉丝永远比男性粉丝更有价值。在抖音上，女性用户的比例是高于男性的。一般来说，推理类、穿搭类、情感类、母婴类、美食类等账号，都是现阶段很适合女性粉丝起量的领域。

同时，抖音上面的内容，已经不再简简单单是"音乐＋个人换场景"的简单玩法了。在巨大的流量面前，一波又一波的内容创业者涌入进来，有做艺人方向的，有做自媒体方向的，有做 PGC（Professional Generated Content，专业生产内容）轻综艺轻剧情的，有做品牌推广的，有做教学的。虽然不同的账号生产的内容千差万别，但我们还是可以找到一些相同的运营策略。

1. 账号定位

账号定位是最关键的，前一章已经介绍了具体的方法，这里再次提醒大家注意。随着抖音用户基数的不断攀升，越来越多的内容创业者和新媒体从业人员，以及各行各业人士都会进驻，尝试做抖音号。在注册账号之前，一定要思考账号的定位，主要聚焦什么细分领域做内容。这一块，建议大家多去参考新榜上的排行榜，看微博和微信上的账号类型和定位，如图 3-14 所示，作为自己账号定位的参考。

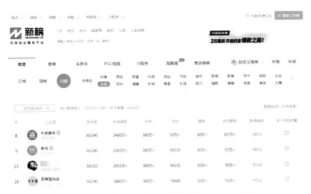

图 3-14　新榜平台上的微信账号排行榜

2. 模板复制再复制

这种方法比较适合快速炒作，主要方法如下。

（1）精心制作一个简单的内容，同时该内容具备模仿性和可教学性等特点。

（2）寻找或自己注册一批种子抖音账号，复制并模仿该账号内容，同时发起多个同类型的内容。

（3）再组织几个账号对内容进行拆解化教学。

（4）在微播易平台（如图3-15所示）上寻找一批朋友圈账号，发一轮朋友圈软文，让内容快速火热起来。

图 3-15　微播易平台

（5）在抖音账号发布内容的时候，注意账号的地理位置、标签、标题等，都需要做好区分。

3. 多账号矩阵

在任何平台做任何账号，一定要做矩阵，做起了一个大号，再给其他小号导流。

抖音账号运营的方法，总结来说有3点：（1）要快，快速抢占早期红利；（2）做好数据分析；（3）多借鉴其他平台账号运营的案例和技巧，当然也得结合抖音平台的用户调性、传播规律和内容调性。

3.1.4 用户运营策略

用户运营的核心是对用户进行精细化的管理，主要分为以下 3 个层面，如图 3-16 所示。

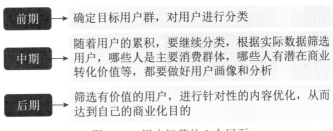

图 3-16　用户运营的 3 个层面

同时，抖音运营者需要做好粉丝的运营和互动，要重视粉丝互动，但不要试图讨好粉丝，坚持个性但要有统一的风格，把粉丝当成你的朋友。粉丝不只是要帮你转发、评论和点赞，更重要的是如何在抖音上带着粉丝一起玩，这样才能形成自己的"社群"，凝聚一群价值观相同，能帮助你成长的好友。抖音的粉丝运营技巧如图 3-17 所示。

用户运营的目的主要有以下4个：

- 快速建立信任度。
- 提高用户忠诚度。
- 展示账号专业度。
- 扩大账号影响力。

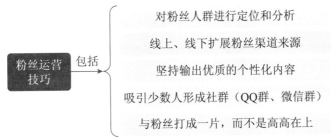

图 3-17　抖音的粉丝运营技巧

用户运营可以制定短、中、长期目标，具体到每天、每周、每月、每季

图 3-18　通过标题与用户进行互动

度的运营目标。笔者建议大家做用户运营的时候，要多维度去给用户一些刺激，设置小任务和小奖励，如帮我点个赞，我下一个视频录什么给你们看；或者给我转发，我送你们什么礼物等。总之，抖音运营者要通过标题和评论区来多与用户进行互动，引起用户持续关注你的内容，如图 3-18 所示。

在运营抖音时，很多人只是把自己当成内容的生产者，他只是做了自己喜欢的事情，但并没有做用户喜欢的事情，所以他的粉丝数达到 50 万到 100 万的时候，增长的速度就非常缓慢。或者说，有些运营者非常狂妄，他从来没有回复任何人的信息，这会让粉丝觉得自己没有被重视，因此后续就不会再看他的作品。所以，我们一定要在内容、私信和评论这些方面出发，做好抖音的用户运营工作。

3.1.5 数据运营策略

任何一个平台的数据，都会衍生出数据运营的产业链，抖音也不例外，不过一般这种运营手段只有自媒体从业人员和"网红"会比较轻车熟路，而一般的新用户则知之甚少。

抖音运营的数据分析基本要求如图 3-19 所示。

定期复盘　针对播放量和粉丝互动等数据，进行自有账号与竞品账号的对比分析

分析维度　包括内容、方向、BGM（Background music，背景音乐）、人设、服装、风格、定位、发布时间和挑战类别等，分析的重点在于价值观和IP的个性化对比

定向分析　研究全网同品类账号，确定目标用户群体画像，针对目标特点进行价值观、个性和内容定制输出

平台策略　研究平台对于同类账号的推荐权重，综合分析反馈信息进行优化

图 3-19　抖音运营的数据分析基本要求

掌握抖音运营的基本方法论

3.2

抖音通过"去中心化"的运营方式，使得更多的普通人也能参与其中的创作。当然，我们在运营抖音号的过程中，还需要掌握一些基本方法论，让成功变得更轻松。

3.2.1 抖音创作者们需要一种"彩蛋"思维

2018年上半年，电影市场被高口碑、高话题的《头号玩家》刷屏，虽然这部影片没有好莱坞大牌明星出场，剧情也比较"傻白甜"，但是这不妨碍它迅速收获10亿票房，以及豆瓣的高评分。

问题是，它赢在了哪里？

导演史蒂文·斯皮尔伯格的名气？游戏的情结？抑或是炫酷的特效？

恐怕没这么简单。笔者经过深入研究后发现，这部影片之所以能够取得成功，与其将影史经典、Cult电影"神作"、街机游戏、怀旧美剧、老歌金曲，以及二次元文化等"彩蛋"一网打尽，并紧密结合起来，可以说影片每分钟都有一个"彩蛋"。

与其他影片偶尔放出一两个"彩蛋"不同，《头号玩家》是一部由"彩蛋"构成的电影！正因为有了这些"彩蛋"，影片获得了影迷们疯狂的"二次传播"，使这部影片的口碑、票房双双走高。

不仅是电影的"二次传播"尤为需要"彩蛋"，抖音短视频创作者们更是需要一种"彩蛋"思维。大家都知道，抖音里的"梗"非常多，但能成为热门的就那么几个。同一个系列的挑战，同一种题材，有的人拍出来就能收获几十万个甚至上百万个点赞，有的人拍出来后却只能是自娱自乐、无人问津，如图3-20所示。

下面笔者就来逐一为大家揭开那些抖音里深藏的"彩蛋"思维。

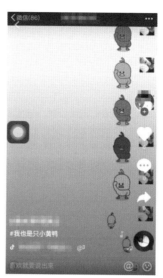

图 3-20 同一种题材获得的结果完全不同

1. 彩蛋一：与音乐完美契合

从抖音的字面意思分析，"抖音"抖的就是音乐！因此，抖音运营者要非常清楚音乐节奏和视频素材之间的联结点在哪里，比如音乐变调的地方，视频内容也一定要跟着转折；音乐节奏加快的时候，视频播放速率也要调快；音乐发出颤音的时候，视频也要加些晃动的特效……

如果拍摄的视频内容和音乐不合拍，即使是原创的优质视频，在抖音上也很难火起来。因为它没有拥有"与音乐完美契合"这个"彩蛋"。

2. 彩蛋二：异于常人

如果你天生是个"戏精"，那么抖音平台就很适合你来展现自我。但如果你不是呢？此时就需要第二个"彩蛋"思维，那就是要有异于常人的思维，在别人想不到的地方（前提是保证安全）拍摄，用别人想不到的方式来展现内容，或在寻常的地方拍出常人不会去做的事情。

看似简单，实际上却考验了作者的创新思维，以及这些创意是否具有可操作性。

3. 彩蛋三：视觉盛宴

美人、美景等一些美的物品，需要你有善于发现它们的眼睛。你创作的作品，其实展示的也是自身的审美观。如何在"记录美好生活"的同时获得高的二次传播量呢？除了审美之外，还得有点小技巧。

比如，下面这个例子，用航拍设备、多角度拍摄圆形建筑的结构，表现了特色的360度景观平台美景，如图3-21所示。而如果只是站在建筑下方随便拍一下，想不到用这种方式来呈现的话，恐怕就白白浪费了如此美妙的意境了。

图 3-21　通过拍摄技巧来展现美景

4. 彩蛋四：预测能力

很多人在刷抖音的时候，时常会佩服作者的"预测能力"，于是到评论区感慨一番："就佩服能预知未来的人。""你是怎么知道接下来会发生什么的？"……

其实，没有人能够预测未来，有的只是对未来事情发展走向的推断，以及一双勤劳的手。如果你也想像那些达人一样，拍出让用户怀疑你拥有特殊能力的视频，那么就不要犹豫也不要嫌累，多看多思考。

3.2.2　抖音短视频内容需要注意的5个"度"

抖音想做好并不容易，很多人做了很多内容，但是却没有一个能吸引人的，粉丝量持续不涨，怎么回事？其实就是没掌握内容的创造技巧，内容创造需要在下面的 5 个"度"上下功夫，如图 3-22 所示。

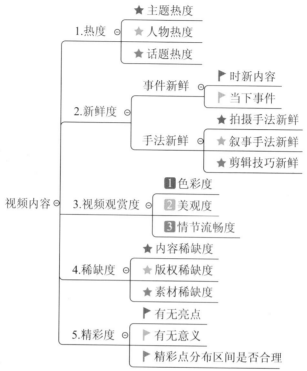

图 3-22　抖音短视频内容需要注意的 5 个"度"

1. 热度

　　什么叫热度，也就是现在什么话题比较热，哪个人物比较火，什么事情关注度高，那么我们就可以从这里入手拍摄或者模仿。

2. 新鲜度

　　这个新鲜度包含两个方面的意思：一个是信息是新的，和热度差不多；另一个就是拍摄手法新鲜，可以是拍摄的角度或者故事内容的叙事方式，还可以是里面的特效新颖。例如，抖音上的文字短视频就是一种比较新的内容形式，如图 3-23 所示。

3. 观赏度

　　视频看起来就比较舒服，色彩及情节都能有很好的观赏度，不会不伦不类，不会驴唇不对马嘴。

图 3-23　文字短视频

4. 稀缺度

稀缺度主要是从内容、素材和版权三个方面来创作的，这上面越没有的内容，出爆款视频的机会越大。

5. 完整度

看视频内容是否完整，如果不完整，粉丝不买账，平台也不会给予过多的推荐。

3.2.3
打造能够吸引潜在用户内容的5个词

对于抖音运营来说，内容非常重要，可以说抖音也是一个"内容为王"的平台。那么，究竟什么样的内容才能吸引潜在的目标人群呢？可以用 5 个词来回答，分别是简单、实用、相关、系统和创新。

（1）简单：抖音的内容基本都是通过 15 秒、20 秒或者 30 秒的短视频，将你的作品、行业或者专业知识等内容淋漓尽致地展示出来。无论你是给别人带去搞笑知识还是娱乐，甚至是其他的生活小妙招，都一定是简单的，千万不能长篇大论。

（2）实用：你的知识分享，是对别人有实际帮助的。例如，"手机摄影构图大全"抖音号就发布了很多前期和后期的摄影小技巧，可以帮助用户快速提升摄影水平，如图 3-24 所示。

图 3-24 "手机摄影构图大全"抖音号分享实用的摄影知识

（3）相关：用户恰好能够在你的视频中看到其喜欢的类型，所以他会对你的内容感兴趣，这就是相关。

（4）系统：知识输出具有一定的系统性，由浅入深，能够满足大部分用户的需求，降低他们的学习时间成本。例如，"Excel 精选技巧"抖音号每天都会发布一段 15 秒的 Excel 办公技巧类短视频，帮助用户提高工作效率，如图 3-25 所示。

图 3-25 "Excel 精选技巧"分享系统性的 Excel 知识

（5）创新：如果你的内容都是别人做过的，那么你就很难在人群中脱颖而出。创新就是尽量不要跟拍，而是要有自己独特的亮点。

3.2.4
学会反问，反推抖音的内容运营策略

当你绞尽脑汁去想要做什么内容的时候，你一定要清楚抖音运营的策略，然后在策略里面反问自己几个问题，如图3-26所示。

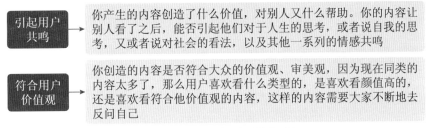

图 3-26　运营抖音需要学会反问

在整个抖音的运营策略里面，反问自己是最重要的，千万不要站在自我认知的角度去判断大家喜欢的内容，这是不一定的。因此，我们要站在用户的立场，去思考我们该做什么样的内容，然后去分析判断官方每日推荐的热门话题是什么，在这个话题当中我们团队擅长做什么，能够创造出什么内容，如何与热门话题做一个很好的结合，这是整个运营策略中非常重要的一个点。

3.3 抖音运营的技巧和注意事项

面对火爆的抖音，普通用户如何正确地去做好运营，甚至让它为我们带来一笔不菲的收入呢？当然，抖音运营非常需要讲究方法和技巧，本节将介绍抖音运营的一些技巧和相关的注意事项。

3.3.1 遵守抖音的平台规则

对于运营抖音自媒体的人来说，做原创才是最长久最靠谱的一件事情。在互联网上，想借助平台成功实现变现，一定要做到两点：遵守平台规则和迎合用户的喜好。下面重点介绍抖音的一些平台规则。

（1）不建议做低级搬运。例如，带有其他平台特点和图案的作品，抖音平台对这些低级搬运的作品会直接封号或者不给予推荐，因此不建议大家做。

（2）视频必须清晰无广告。

（3）要知道视频推荐算法机制。首先，抖音平台把你的视频推荐一批人，比如先给 100 个人看你的视频，这 100 个人就是一个流量池。假如这 100 个人观看视频之后，反馈比较好，有 80 人完全看完了，有 30 个人给你点赞，有 10 个人发布了评论，系统则会默认你的视频是一个非常受欢迎的视频，因此会再次给视频推荐到下一个流量池。比如第二次推荐给 1 000 人，然后再重复该过程，这也是我们经常看到一个热门视频连续好几天都被置于首页的原因。当然，如果第一批流量池的 100 个人反馈不好，这个视频自然也得不到后续的好的推荐了。

（4）账号权重。笔者之前分析了很多账号，发现了那些抖音普通玩家上热门有一个共同的特点，那就是给很多别人的作品点赞，最少的都上百了。这是一种模仿普通用户的玩法，如果上来就直接发视频，系统可能会判断你的账号是一个营销广告号或者小号，会审核屏蔽等。具体提高权重的方法如下。

■ 使用头条号登录。用 QQ 登录今日头条 App，如图 3-27 所示，然后在抖音登录页面选择今日头条号登录即可。因为抖音是今日头条旗下的产品，通过头条号登录，会潜在地增加账号权重。

图 3-27　使用 QQ 号登录今日头条

■ 采取正常用户行为。多去给热门作品点赞、评论和转发，选择粉丝越多的账号效果越好。如果想运营好一个抖音号，前 5 ～ 7 天先不要发作品，就在空闲的时候去刷一下别人的视频，然后多关注和点赞，哪怕后期再取消关注，你也要多做这些工作，让系统觉得你是一个普通的账号。

　　一个手机也可以放大操作，但不能太多，可以操作 3～4 个账号。不过，发送作品的时候不要在一个无线网络下，可以用数据流量来发送，而且切换账号时必须开启飞行模式一下。选择地址定位时，尽可能定位到一线城市，如北京、上海、广州等城市，别定位到二三线城市。

3.3.2 数据分析运营很重要

　　用户在运营抖音时，一定要掌握一些技巧，不仅仅是录视频和配上背景音乐，发布之后就完成任务了。抖音自媒体同样也要学会数据的分析和运营，下面重点介绍两个数据比例。记住这两个比例，对于你后期的短视频运营和优化有很大的帮助。

（1）第一个是10：1。你的视频如果有10个赞，就应该会增加一个粉丝。

（2）第二个是100：5。就是100个播放量会产生5个赞，这应该算是一个中等水平的数据，当然相对来说很多"网红"的比例可能会高一点，可能是100个播放量就有10个赞甚至更多。也有的视频达不到这一比例，如图3-28所示，这个视频的播放量是1 000，按照正常比例来说应该至少有50个赞，但实际点赞数只有23个，也就是看的人较多，但喜欢的人不多。那么我们就可以判定这个视频内容需要进行优化，来提升点赞量。

图 3-28　该视频的点赞量不正常

3.3.3
多做一些本地化的内容

抖音的本地化运营也非常重要，这里说一个比例，那就是一千万比一百万，也就是说每个一千万人口的城市中，一天就会有一百万人去刷抖音。因为你在抖音发布的短视频，会先推给附近的人看，然后根据标签进行推荐。这是一个本地化的人口红利，建议大家要多做本地化的内容，这样更便于后期的商业变现。

另外，很多人所在的城市有上千万人口，按理说抖音用户应该也在百万以上，但为什么自己发的视频播放量却只有几百。其实，这是每个抖音运营者都需要面对的一个坎，你的视频发布之后，可能一段时间都会持续在几百个播放量。在这种情况下，建议大家可以用一些技术，去加推一下视频，让视频播放量突破这个坎。

因为抖音是基于兴趣推荐的，每个用户其实就是一个标签，如做美食类的用户就有"美食吃货"这样的标签，发布内容的时候就是根据以往这些用户的兴趣爱好来推荐的。抖音属于今日头条的体系产品，同样会根据你的视频类型，根据你视频的标签进行匹配，所以大家在标题上也要多花一点功夫。例如，做美食的内容，那么可以在视频标题当中多次去强调"美食好吃"或者"吃货"这样的关键词，如图 3-29 所示，从而匹配到更多精准用户，甚至吸引他们购买你的产品或者进入你的店铺去消费。

图 3-29 视频标题要强调关键词

3.3.4 获得60s长视频权限

当你每天花大把的时间运营抖音，却发现精心制作的视频并没有太多人关注，而别人发的视频却轻松获得上百万个点赞。笔者经过认真了解，发现这些过百万点赞和上万评论的视频很多都是30秒、45秒甚至1分钟的长视频，而自己的抖音拍不了长视频，被限制在 15 秒。那么，没有开通长视频功能的用户想发长视频，那该怎么办呢？下面先来看看开通长视频有哪些权限和规则，如图 3-30 所示。

在"如何获得长视频权限？"页面，出现提示"目前最长 1 分钟的拍摄特权仅对部分用户开放，开通用户需要具备足够的拍摄经验，能够驾驭 1 分钟时长的视频内容，如需申请请点击以下链接并进行填写"等内容。

点击相应的链接后，可以填写抖音长视频权限开通申请表，如图 3-31 所示。

注意申请表里的"抖音账号"千万不要写错（可在个人主页、头像及抖音名字昵称下查到）。另外，开通长视频的理由填"为了发完整的教学视频"或"有一段完整的演奏视频想上传"等，会更容易通过。同时，用户可以选取一段点赞人数最多的视频网址填进去，之后提交申请即可。

图 3-30 "如何获得长视频权限"的官方说明　　图 3-31 抖音长视频权限开通申请表

相信做过淘宝的用户应该都知道宝贝的排名规则，做淘宝排名要想提高，推荐的都是买的人多的和热度高的，而买家要看的也是评价好的和销量多的，于是就出现了做好评的刷单情况。抖音的算法其实也差不多，只有点赞的人和评论的人多了，抖音系统才会给你推荐上去，这和淘宝刷宝贝爆款非常类似。然而，用户如果真的想在抖音上做广告变现，还是要先做好内容，这才是关键，毕竟"刷粉"和"刷赞"都不是长久之计。

从抖音长视频权限开通申请表中可以看到，用户的粉丝数量必须超过1 000，这是一个最基本的条件，如图 3-32 所示。

图 3-32　开通长视频权限的前后效果

3.3.5
选择合适的发布时间

在发布抖音短视频时，笔者建议大家的发布频率是一周至少 2 条，然后进行精细化运营，保持视频的活跃度，让每一条视频都尽可能地上热门。至于发布的时间，为了让你的作品被更多的人看到，火得更快，一定要选择在抖音粉丝在线人数多的时候进行发布。

据统计，饭前和睡前是抖音用户最多的使用时段，有 62% 的用户会在这段时间内看抖音；10.9% 的用户会在碎片化时间看抖音，如上卫生间或者上班路上。尤其是周末、节假日这些时间段，抖音的用户活跃度非常高。笔者建议大家发布时间最好控制在以下 3 个时间段，如图 3-33 所示。

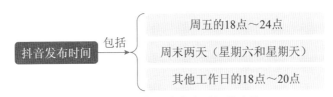

图 3-33　抖音最佳发布时间的建议

同样的作品在不同的时间段发布，效果肯定是不一样的，因为流量高峰期人多，那么你的作品就有可能被更多的人看到。如果用户一次性录制了好几个视频，千万不要同时发布，每个视频发布时中间至少要间隔一个小时。

另外，发布时间还需要结合自己的目标客户群体的时间，因为职业的不同、工作性质的不同、行业细分的不同以及内容属性的不同，发布的时间节点也都有所差别，因此，用户要结合内容属性和目标人群，去选择一个最佳的时间点发布内容。再次提醒，最核心的一点就是在人多的时候发布，得到的曝光和推荐会大很多。

3.3.6 切不可轻易删除视频

很多短视频都是在发布了一周甚至一个月以后，才突然开始火爆起来的，所以这一点给笔者一个很大的感悟，那就是抖音上其实人人都是平等的，唯一不平等的就是内容的质量。你的抖音账号是否能够快速冲上一百万粉丝，是否能够快速吸引目标用户的眼球，最核心的点还是在于内容。

所以，笔者很强调一个核心词，叫"时间性"。因为很多人在运营抖音时有个不好的习惯，那就是当他发现某个视频的整体数据很差时，就会把这个视频删除。笔者建议大家千万不要去删除你之前发布的视频，尤其是你的账号还处在稳定成长的时候，删除作品对账号有很大的影响，如图3-34所示。

可能会减少你上热门的机会，减少内容被再次推荐的可能性

过往的权重会受到影响，因为你的账号本来已经运营维护得很好了，内容已经能够很稳定地得到推荐，此时把之前的视频删除，可能会影响到你当下已经拥有的整体数据

图3-34　抖音发布时间的建议

这就是"时间性"的表现，那些默默无闻的作品，可能过一段时间又能够得到一个流量扶持或曝光，因此我们千万不能做的就是把作品删除。当然，如果你觉得删除视频没有多大影响，你可以试着删一下，但根据我们之前实操去删除作品的账号发现，账号的数据会明显受到很大的波动。

3.3.7 团队协作发展更快速

随着"无边界时代"的到来，短视频会越来越火爆，也正是团队或者企业进入整个短视频领域的火爆期。

当然一个人要想做好短视频也是可以的，很多达人都是自己一个人在那儿自拍，或者拍一些自己唱歌跳舞的视频，就能积累上百万的粉丝。甚至有一些达人，通过自己一个人在家里面，或者在办公室，也或者自己就在沙发上坐着，然后拍摄一些短视频，如图3-35所示，就能够火爆，这是一个人的团队做法。不过，这种情况毕竟是少数，任何一个平台从一开始到中期再到后期，入驻的作者都是越来越优秀的。

图 3-35 一个人拍摄短视频

例如，在今日头条平台，一开始就有很多做"三农"（指农村、农业和农民）内容的，只要随便拍拍就能够有粉丝关注，而且能够挣钱，但现在都需要专业团队，如图 3-36 所示。

图 3-36 今日头条上的"三农"视频内容

所以，在当下这种情况做抖音运营，笔者认为团队入驻是最好的，你可以建立一个 6～7 个人的专业团队，每天只生产一条 15 秒的短视频。在这样一种高质量、高背景、高强度及高专业化的情况下，生产出来的内容会更加受欢迎。因为现在大家都用碎片化的时间来观看，如果是几分钟的视频，有很多人不一定愿意看完，但如果说是 15 秒的短视频，那就有很多人愿意看完。但是，如果说你的视频只有 15 秒，但没有给用户呈现出你要表达的效果，那么用户可能看到 6～10 秒的时候就退出了，这样对于团队创作的信心还是有所打击的。

这里主要是强调有团队的自媒体运营者或相关企业,应尽快开始做抖音短视频运营。因为在团队的协作下,只要舍得投入金钱和精力,不管是涨粉,还是整个运营策略,都能够更快速地得到发展,并且把这个事情做好。

当然,在创建抖音团队时,高效率都是大家共同追求的目标,我们可以使用 5P 要素来帮助自己打造一个拥有高效率特征的抖音团队,具体方法如图 3-37 所示。

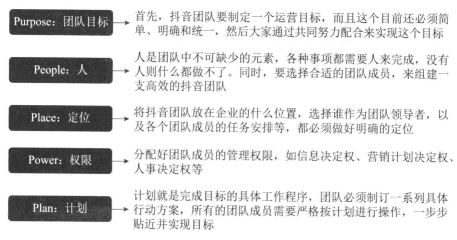

图 3-37 打造高效率抖音团队的 5P 要素

抖音团队的主要成员应包括导演、编剧、演员、摄影师、剪辑师等。其中,演员是最重要的角色,尤其是真人出镜的短视频内容,演员一定要有很好的表演能力或者好的颜值,这些都是吸引用户持续关注的必要条件。

例如,2018 年 4 月,抖音涨粉最快的账号"代古拉 k",10 天便完成 500 万粉丝量的增长,一个月突破 1 000 万,打破了抖音"素人"的增粉纪录。目前,"代古拉 k"的抖音粉丝数量已经超过了两千万,点赞量超过了一个亿,称得上是抖音的超级红人 IP,如图 3-38 所示。

当然,除了动感有朝气的舞蹈和甜美的笑容外,"代古拉 k"的成功还离不开团队的包装和运营,这个团队叫作"洋葱集团",如"七舅老爷""办公室小作"等 IP 都是由该团队打造出来的爆款"网红"。

抖音团队的主要工作包括选择主题、策划剧本、拍摄剪辑、特效制作和发布维护等。总之,只要你的产品有一定的传播性,你能够有更好的创意,有团队能够把它拍摄出来,就都能够上抖音,都能够有机会火爆。

图 3-38 "代古拉 k" 抖音主页和短视频示例

例如,根据"抖音企业蓝 V 白皮书"报告显示,抖音蓝 V 粉丝数第一名是"单色舞蹈", 不管是播放量还是点赞量, 均排在首位, 截至 2018 年 10 月的粉丝数是 268 万, 获得点赞 720 多万, 如图 3-39 所示。

图 3-39 "单色舞蹈"抖音号团队打造的短视频内容

"单色舞蹈"是国内知名的舞蹈培训机构,拥有 400 余名科班出身的舞蹈老师任教。"单色舞蹈"抖音号的内容定位非常清晰,那就是"零基础教你跳舞", 其"内容卡位"的优势非常明显。舞蹈是抖音平台上的一个非常重要的内容类型,满足了很多用户的精准需求,因此其获得粉丝也比较容易。

3.3.8
抖音运营也需要复盘

要想成为抖音平台上的达人,除了做好过程的运营外,复盘也是必不可少的工作。复盘不是简单的总结,而是对你过去所做的全部工作进行一个深度的思维演练，具体事项如图 3-40 所示。

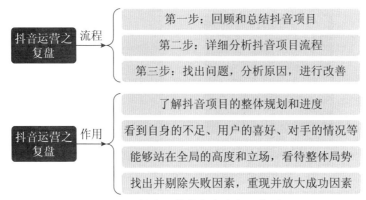

图 3-40　抖音运营的复盘流程和作用

总的来说，抖音的复盘就是分解项目，并在此过程中分析和改进项目出现的各种问题，从而优化最终的落地方案。抖音的运营与项目管理非常相似，成功的运营离不开好的方案指导。只有采用科学的复盘方案，才能保证抖音的运营更加专业化，更容易产生爆款。

对于抖音运营者来说，复盘是一项必须学会的技能，是个人成长最重要的能力。我们要善于通过复盘来将经验转化为能力，具体的操作步骤如图 3-41 所示。

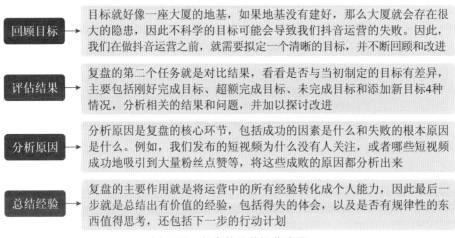

图 3-41　复盘的具体操作步骤

3.3.9
注意抖音运营的误区

在短视频领域，渠道运营是非常重要的工作。做短视频渠道运营的过程中，有两部分内容我们一定要知道，第一部分是渠道的规则；第二部分是运营的误区。

短视频运营的工作比较复杂，不仅仅要懂内容，还要懂得渠道，能做互动。但是内容团队往往没有充足的预算配备完善的运营团队，所以导致运营者会涉及很多方面的工作内容，一不小心就会陷入工作误区，抓不住工作重点。下面给大家介绍一下最常见的6个抖音运营误区。

1. 精力只放在后台的使用

第一个误区就是过度把精力放在后台的使用上。很多短视频运营者都是从公众号运营转过来的，在做公众号运营的时候，我们发布之前会先发预览，成功发布之后也会第一时间去浏览，在这些场景中我们都是用户身份。

但是在做短视频运营的时候，我们往往只注重后台操作，发行之后也不会去每个渠道看，这样的做法是非常不对的。因为每个渠道的产品逻辑都不同，如果不注重前台的使用，就无法真正了解这个渠道的用户行为。

2. 不与用户做互动

第二个误区是不与用户做互动。这点很好理解，一般给你内容评论的都是渠道中相对活跃的用户，及时有效的互动有助于吸引用户的关注，而且渠道方也希望创作者可以带动平台的用户活跃起来。

当然，运营者不用每一条评论都去回复，可以筛选一些有想法、有意思或者有价值的评论来回复和互动，如图3-42所示。其实，很多运营者不是不知道互动的重要性，但是因为精力有限，没有时间去实践，还有的就是因为懒。

图 3-42　多在评论区与用户进行互动

3. 运营渠道非常单一

第三个误区是运营的渠道非常单一。建议大家进行多渠道运营，因为多渠道运营会帮助你发现更多的机会，而且很多渠道可能会在不经意间产生爆款，能增加一些小惊喜。

4. 没有持续关注渠道动态

第四个误区是没有持续关注渠道动态。运营者一定要持续关注各渠道的动态，一般主要包含三类内容，如图 3-43 所示。

| 第一类：账号相关动态 → 包括视频是否发布成功、账号是不是扣分等 |
| 第二类：渠道官方动态 → 比如头条取消了新手期、修改了收益政策等 |
| 第三类：官方举办活动 → 关注后可以及时得到通知，提前把活动内容准备好，不要等到活动截止时才发现这个活动非常适合自己 |

图 3-43　持续关注各渠道的动态

5. 硬追热点

第五个误区是硬追热点。追热点其实是值得推荐的，但是要把握好度，内容上不能超出自己的领域，如果热点与自己的领域和创作风格不统一，千万不能硬追热点。

这点可以在抖音上得到验证。往往一个抖音视频火爆了之后，创作者很难长期留住带来的粉丝。因为很多 UGC 的创作者更多地是去抄袭而不是原创，这样很难持续产出风格统一的作品，所以就算偶然间产出了一两个爆款，也无法黏住粉丝。

6. 从来不做数据分析

误区六就是我们老生常谈的数据分析了，这是一个需要长期进行的事情。数据可以暴露一些纯粹的问题，比如账号在所有渠道的整体播放量下滑，那么肯定是哪里出了问题。不管是主观原因还是客观原因，我们都要第一时间排查，如果只是某个渠道突然下滑，那么就要看是不是这个渠道的政策有了调整。

除了监控之外，数据分析还可以指导我们的运营策略，比如分析受众的活跃时间点、竞争对手的活跃时间点等。

以上是抖音运营中比较常见的 6 个误区，其实还有很多误区，需要大家在各自的运营工作中去发现问题和寻找解决方法。

02

内容创作篇

/第/4/章/
拍摄：用抖音 App 拍出 高质量小视频

笔者第一次听说短视频概念，并体验"美拍"是在 2014 年，那时的感觉就是很强、很酷、挺好玩的。而抖音作为当下非常火爆的短视频平台，也是一个很棒的引流平台！

抖音平台有足够的热度，是因为它有丰富的内容，短短的 15 秒就能拍出精彩的短视频。本章为你准备了很多实用的抖音拍摄技巧，帮你分分钟拍出炫酷的大片效果。

🔍 **4.1 拍出高质量短视频的准备工作** ▼

🔍 **4.2 抖音短视频的基本拍摄流程** ▼

🔍 **4.3 抖音短视频的 10 个拍摄技巧** ▼

🔍 **4.4 拍出好视频效果的 5 个原则** ▼

拍出高质量短视频的准备工作

目前，自媒体和"网红"们又有了新的战场——抖音App。在抖音中上传短视频，可以获得点击量和播放量，有些出色的短视频甚至能得到两三百万的点击量，同时也会有一定的收益。

那么，我们如何使用抖音拍出高质量的视频呢？在拍摄之前，我们首先需要选择一个主题和拍摄设备，做好这些准备工作才能事半功倍。

4.1.1
选择主题：视频内容想表达什么

短视频虽然短，通常只有15秒，但要在15秒内，完成内容表达，这是需要一定的技巧的。所以，要先想清楚视频内容要表达什么。

虽然短视频的主题风格较为自由，但也要提前定义好，如"搞笑风""装傻风""动感风""无聊风""欠扁风""感人风""日志式"及"调侃式"等，这些都可以。短视频要在15秒内表达清楚一个小主题，这不是一件容易的事。而且抖音与火山小视频、快手等的用户群体是完全不一样的，因此对于拍摄风格和主题的选择也不同，抖音的主要拍摄特点如图4-1所示。

 如果视频的完播率上不去，那么你的视频可能会被系统认为质量不高，从而没办法获得推荐，进入下一个流量池中。

同时，抖音可以选择的表达主题内容的方式也非常多，比如引起共鸣、引起好奇、引起思考、引发欲望及感官刺激等。这里重点分析一下引起共鸣，主要有两个方面的内容，即观念上的共鸣和经历的共鸣，是指在生活、工作中的人生观或者是生活观与你视频表达的内容契合。通过视频内容主题的表达，吸引跟"你"的观念有共鸣的一群人，这是首要的工作。

潮酷的视频风格	抖音要求用户拍摄的视频风格比较潮酷，具有年轻化的特点，能够赶上时代的潮流，而且它对于整个视频画质的要求也比较高。这就需要用户掌握一定水准的拍摄技巧，而且需要多用各种美颜、特效和滤镜等
珍惜每一帧画面	要保证每一帧、每一秒的视频质量，然后必须快速地进入主题，千万不要多说废话，因为当你在说废话的时候，用户可能会滑动手指，观看下一个视频去了。因此，一定要珍惜每一帧的画面，提升视频完播率
阐述视频的主题	为了让观众坚持看完15秒的短视频内容，可以在视频开头用一张图或者一句话，来阐述一下整个视频要讲什么主题内容，让用户心中有一个底，明白你的视频最终要表达的意思和效果

图 4-1　抖音短视频的主要拍摄特点

4.1.2
选择设备：哪些设备可以拍视频

拍摄抖音短视频，设备一定要跟上，这样才能制作出精良的短视频效果。

1. 常用设备——手机、DV摄像机

随着科技的发展，以前想都不敢想的拍摄设备，现在也已随处可见了。如 DV 摄像机等，普及率已经很高。但是拍摄抖音，我们更应该了解和研究的是手机的拍摄功能，如图 4-2 所示。如今，手机的摄影、摄像和美颜功能已非常全面和专业，可以做到随拍并随时出片的效果。

图 4-2　手机的摄影功能越来越强大

2. 专业设备——单反、微单相机、专业摄像机

现在很多人都有单反相机、微单相机、专业摄像机，也可以用来拍摄短视频，如图4-3所示。但是，使用这些专业设备还需要掌握更多拍摄技巧，大家可以购买一些专业的书籍或者上网查询相关的资料进行学习。

图 4-3　使用单反相机拍摄视频

4.2 抖音短视频的基本拍摄流程

很多人制作短视频都是直接使用手机拍摄，但是有的人拍摄效果好，有的人拍摄出来结果却不甚理想。如果想在抖音中拍摄出高清的视频，应该怎么操作呢？具体有哪些方法呢？

本节将介绍抖音短视频的基本拍摄流程。像其他短视频 App 一样，抖音上的创作过程是：选择音乐→拍摄视频→剪辑加工→发布分享，流程非常简单。

4.2.1 选择背景音乐

选择好主题和设备后，接下来要找一首适当的背景音乐。用户想要让自己拍摄的短视频在抖音上快速热起来，那是要学会"抖"，要"抖"就要有好的配音和配乐。用户可以根据自己的视频风格和主题方向，选择好的背景音乐，让视频长上翅膀！当然，这就要看个人对音乐的理解和对节奏的控制等功力了。

抖音的背景音乐和视频需要高度匹配，有节奏感。这里要说一个抖音拍摄的必备技能：听足够多的"网红"歌曲，找到更好的灵感。

1. 直接搜索背景音乐

下面介绍搜索音乐的操作方法。

（1）进入抖音"首页"界面，点击底部中间的"+"号按钮，如图 4-4 所示。

（2）进入抖音拍摄界面，点击上方的"选择音乐"按钮，如图 4-5 所示。

图 4-4　点击"+"号按钮　　　图 4-5　点击"选择音乐"按钮

（3）进入"更换配乐"界面，用户可以在此选择喜欢的音乐类型，下方会显示相应的歌单，点击选择即可，如图4-6所示。

（4）如果列表中没有你喜欢的音乐，也可以点击搜索框，输入要搜索的歌名，如图4-7所示。

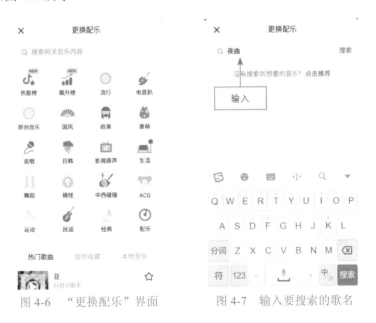

图 4-6　"更换配乐"界面　　　图 4-7　输入要搜索的歌名

（5）点击"搜索"按钮 🔍，即可搜索到相应的配乐，如图4-8所示。

（6）如果搜索不到，你也可以点击"点击推荐"链接进入"推荐音乐"
界面，上传自己想要的配乐，如图4-9所示。

图4-8　搜索到相应的配乐　　　　图4-9　"推荐音乐"界面

（7）在搜索结果中选择需要的配乐，点击配乐缩略图或名称后即可进行
视听，满意后可以点击"确定使用并开拍"按钮进行选择，如图4-10所示。

（8）执行操作后，即可使用该配乐进行拍摄，如图4-11所示。

图4-10　点击"确定使用并开拍"按钮　　图4-11　完成配乐选择

2. 使用音乐热搜榜选择

除了直接搜索背景音乐外，用户还可以通过抖音的音乐热搜榜来查找热门配乐。在"首页"界面点击左上角的搜索按钮进入其界面，点击"查看热搜榜"按钮，如图4-12所示。执行操作后，即可进入"抖音热搜"界面，如图4-13所示。

图4-12　搜索界面　　　　图4-13　"抖音热搜"界面

在界面上选择"音乐榜"，即可看到最新的抖音音乐热搜榜，如图4-14所示。点击单曲后，进入跟单曲相关的视频汇总界面，如图4-15所示。

图4-14　音乐热搜"音乐榜"　图4-15　跟单曲相关的视频汇总界面

以《你一定要幸福》歌曲为例，歌曲界面的短视频，都是按照用户点赞数由高到低来排序展示的。排名前三的短视频，点赞数分别为 268.8 万、186.2 万、180.2 万，如图 4-16 所示。

图 4-16　以《你一定要幸福》作为背景音乐点赞数排名前三的视频

在抖音热搜歌曲榜上线之前，用户获取到热门歌曲的信息大多是通过刷推荐流视频，看看哪些歌曲作为 BGM 出现的频率高；或者是通过朋友告知、上网查找，才能找到抖音上大火的歌曲。因此，很多人都抱怨："为什么抖音有很多歌，别人明明都在用，我却搜不到？"

现在，想要在抖音上找到好听的歌曲，了解潮流，只需去抖音音乐热搜榜看一看，就能找到被搜索次数最高、最火的歌曲了。

3. 获得BGM音乐原创标

如果一个抖音视频使用了抖音音乐人创作的音乐，在视频的左下角则出现"原创"二字，如图 4-17 所示。点击黄色"原创"TAG（标签）后，紧接着会跳转到原创歌曲的音乐列表页面，如图 4-18 所示。

4. 了解抖音音乐人计划

抖音上线"看见音乐计划"，挖掘和扶持原创、独立音乐人，并给予他们相应的推广资源、导师指导、单曲制作奖金及定制 MV 等多个维度的支持。

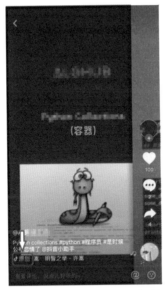

图 4-17　"原创"TAG（标签）　　图 4-18　原创歌曲的音乐列表页面

在抖音的深度支持下，很多此前默默无闻的原创音乐作品借助抖音平台快速走红。例如，抖音热门挑战"爱的手势舞"，其背景音乐《爱的就是你》使用次数达到了 173 万次，视频播放量超过 3 000 万次。

若点击右侧歌曲图标，则进入所有使用该歌曲作为 BGM 的视频汇总界面，右侧可以看到"抖音音乐人"的图标字样，如图 4-19 所示。

图 4-19　查看"抖音音乐人"

点击"抖音音乐人"图标后，即可进入"成为抖音音乐人"界面，如图4-20所示。如果你对"抖音音乐人"有疑问，可以选择查看"抖音音乐人介绍"；如果你想了解目前有哪些音乐人入驻了抖音平台，则可以选择"已入驻音乐人"进行查看。如果你有原创音乐，还可以点击"电脑传歌"或"拍视频传歌"等按钮来进行上传。

图4-20　"成为抖音音乐人"界面

5. 选择适合内容的音乐

当你刷到一个爆款视频，查看发布者的账号时，经常会发现一个现象：该视频发过很多遍，视频内容一样，但音乐选择的不同。因此，背景音乐也在很大程度上决定了这个视频究竟能不能"火"。

例如，下面这个视频，作者"艾文"同样都是拍摄雨中的江上美景，前后发布了4个视频，但只有最后一个点赞量达到了183万，如图4-21所示。

作者发布的前3个短视频都是选择的抖音上很火的一首舒缓纯音乐，属于西方音乐，与东方的美景不是特别搭；而最后火起来的视频选用了"镜花水月"主题的东方音乐，旋律空灵，极其符合雨后雾气蒙蒙的画面，让人联想到"烟雨蒙蒙隔断桥""一蓑烟雨任平生"等诗句，美感异常强烈。

图 4-21　4 个视频只有一个火起来了

可以说，音乐对这个视频起了关键性的作用。当我们选择音乐时，选择抖音热门的曲子是一个考虑要素，但是最重要的，还是要把握视频的内容，根据内容选择最合适的音乐。如果不知道选什么合适的话，用户也可以多发布几次同一内容的视频，并更换不同的音乐，说不定有一个就能火起来。需要注意的是，如果发布同一视频内容，要适当减几秒或加几秒，做一些改动，这样能避免抖音审核不通过。

4.2.2 拍摄与上传短视频

抖音上传作品的方式有两种：直接拍摄上传和本地视频上传，下面介绍具体的操作方法。

1. 直接拍摄上传

直接拍摄上传的方法如下。

（1）进入抖音拍摄界面，选择好合适的背景音乐，如图 4-22 所示。

（2）点击"翻转"按钮，可以切换前后摄像头，通常情况下，除了自拍外，都使用后置摄像头；点击"速度开"按钮，可以设置拍摄速度，如图 4-23 所示。

图 4-22　抖音拍摄界面　　　　　图 4-23　设置拍摄速度

（3）点击"美化"按钮，进入"滤镜"界面，有人像、风景和新锐 3 种滤镜类型，用户可以根据拍摄对象来选择合适的滤镜，如图 4-24 所示。

图 4-24　选择滤镜

（4）点击"美颜"按钮进入其界面，可以调整磨皮、瘦脸和大眼 3 个选项，通常用于拍摄人物时使用，拖动拉杆即可调整美颜效果，如图 4-25 所示。

（5）在拍摄界面点击"倒计时"按钮，可以编辑拍摄时间，如图 4-26 所示。

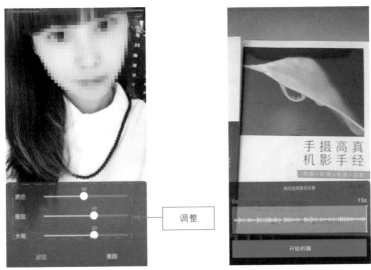

图 4-25 "美颜"设置界面   图 4-26 "倒计时"设置界面

（6）拖动右侧的拉杆可以设置暂停位置，如图 4-27 所示。

（7）在拍摄界面点击"更多"按钮，可以设置拍摄时长和闪光灯两个选项，如图 4-28 所示。

图 4-27 设置暂停位置   图 4-28 "更多"设置界面

（8）点击"时长"按钮，可以切换不同拍摄时长，如图 4-29 所示。

（9）点击"闪光灯"按钮，可以切换闪光灯的开关状态，建议在弱光环境下可以开启闪光灯功能，如图 4-30 所示。

图 4-29　设置拍摄时长　　　　图 4-30　开启闪光灯功能

（10）拍摄方式有拍照、单击拍摄和长按拍摄 3 种类型。拍照主要用来拍摄照片，单击拍摄可以用单击来控制拍摄时长，长按拍摄则需要一直按住拍摄按钮，如图 4-31 所示。

图 4-31　拍照和长按拍摄

（11）通常使用单击拍摄即可，点击红色的拍摄按钮后，即可开始拍摄，再次点击可以暂停拍摄，如图 4-32 所示。

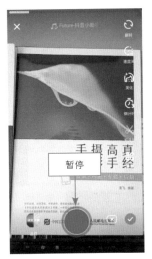

图 4-32　拍摄和暂停状态

（12）拍摄完成后，点击右下角的☑按钮，如图 4-33 所示。

（13）进入短视频后期处理界面，在此可以剪辑音乐、处理声音、选择配乐和封面、添加特效和滤镜，如图 4-34 所示。

图 4-33　拍摄完成　　　　图 4-34　后期处理界面

（14）点击"选封面"按钮，❶可以选择要设置为封面的视频帧；❷点击"完成"按钮，即可更换封面，如图 4-35 所示。

（15）设置完后点击"下一步"按钮，进入"发布"界面，如图 4-36 所示。具体的短视频发布操作会在后面详细介绍。

图 4-35　设置封面　　　　　　图 4-36　"发布"界面

2. 本地视频上传

本地视频上传的方法如下。

（1）进入抖音拍摄界面，点击右下角的"上传"按钮进入其界面，默认进入"视频"上传界面，如图 4-37 所示。

（2）❶ 选中左下角的"多选"单选按钮；❷ 然后点击选中要上传的多个短视频，如图 4-38 所示。

 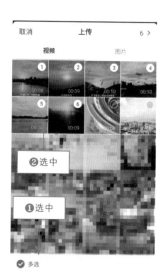

图 4-37　"上传"界面　　　　图 4-38　选择多个短视频

（3）执行操作后，开始上传短视频素材，稍等片刻即可上传完成，并显示整体时长，如图 4-39 所示。

图 4-39　上传短视频

（4）在底部点击相应的短视频片段，可以进行单段编辑，选取相应的视频片段，如图 4-40 所示。

图 4-40　选取相应的视频片段

（5）点击 按钮，可以设置播放速度，如图 4-41 所示。

（6）点击按钮，可以翻转视频角度，如图 4-42 所示。

图 4-41　设置播放速度

图 4-42　翻转视频角度

（7）❶ 点击按钮，弹出"是否要删除此片段"提示框；❷ 点击"确认"按钮，可以删除不需要的短视频片段，如图 4-43 所示。

（8）编辑完成后，点击右下角的✓按钮确认修改并返回。点击"下一步"按钮，开始合成视频，如图 4-44 所示。之后会自动进入短视频后期处理界面，此后就跟拍摄上传的操作方法类似，此处不再赘述。

图 4-43　删除片段

图 4-44　合成视频

4.2.3
短视频的剪辑加工

短视频的后期加工包括剪辑、添加音乐、字幕以及语音配音等，可以在手机上进行编辑。除了抖音 App 外，用户还可以使用视频剪辑大师、小影、乐秀编辑器、爱剪辑、巧影、火山小视频、美摄、延时摄影 Lapse it 等 App 进行后期加工。

用户拍摄好视频之后，打开相应的 App，点击视频编辑，将所需视频依次选入，然后开始制作，这些后期 App 的大致流程都差不多，基本为"导入视频→进行编辑→开始剪辑→剪辑完成" 4 个部分。

另外，用户也可以通过电脑进行剪辑加工，如会声会影、Premiere、Final Cut Pro 和 EDIUS 等都是不错的视频处理软件。用户可以将手机上拍摄的视频导入电脑，把需要的内容进行剪辑，而且还可以进行添加配乐、配音或字幕等操作。

用户可以多下载几个配音软件，同时进行使用，选择一个合适的即可。例如，papi酱的视频里面很多都是用的变音，其实是调高了音调，通过软件就可以实现变音效果。

下面介绍抖音 App 的剪辑加工技巧。上传视频后，在底部的时间轴中拖动两侧的拉杆，可以选择开始位置和结束位置，对视频进行剪辑操作，如图4-45所示。

图 4-45　剪辑视频

剪辑完成后，点击"下一步"按钮，进入视频后期处理界面，点击"剪音乐"按钮，如图 4-46 所示。进入音频剪辑界面，在下方左右拖动声谱可以剪取音乐范围，如图 4-47 所示。

图 4-46　点击"剪音乐"按钮　　　　图 4-47　剪取音乐范围

在视频后期处理界面点击"声音"按钮，可以调整"原声"和"配乐"的音量大小，如图 4-48 所示。如果没有添加背景音乐，则"配乐"选项呈灰色显示，不能够进行调整。

图 4-48　调整"原声"和"配乐"的音量大小

许多人在处理视频的时候只会按住底部黄色框的中间部分拖动选择15秒，其实，拖动黄色框的两边，都可以截取任意秒数的视频。另外，在进行"剪音乐"操作时，不一定要顺着音乐剪辑，不仅可以从原始音乐的第0秒开始使用音乐，也可以从第1、2、3、4秒，以及第n秒开始使用音乐。

4.2.4
发布与分享短视频

当视频拍摄和加工完成后，就可以开始发布和分享了，具体的操作方法如下。

（1）进入"发布"界面，首先设置"标题"，写标题并使用合适的话题，可以让更多人看到你的作品，如图4-49所示。标题引导语都很重要，发布内容引导语的时候不要太过分，但是在这里一定要动脑筋，多看一些爆款作品的标题怎么写。

（2）点击"# 话题"按钮，可以自动输入一个"#"同时下方会出现近期的热门话题，如图4-50所示。

图4-49 输入标题内容

图4-50 点击"# 话题"按钮

（3）如果没有适合内容的话题，你也可以再增加一些搜索关键词，如"旅行"，下方则会出现更多精准的话题，如图 4-51 所示。

（4）点击相应的话题，即可添加到标题中，如图 4-52 所示。话题不仅可以很好地引导用户，增加可玩性，而且还能够帮助你的作品快速走红，毕竟跟随热门的话题来拍摄，至少证明了一件事情——这样的视频内容、风格都是大家喜欢的。用户可以适当考虑参与热门挑战，抖音挑战的本质是多用户围绕同一个话题进行创作，挑战活动抖音官方每天都会发布，基本在中午和晚上各一条，少数时段会发布多条挑战。

图 4-51　输入话题关键词

图 4-52　添加话题

（5）点击"@好友"按钮，进入"召唤好友"界面在文本框中输入好友昵称，或者直接在下方点击好友图像，都可以 @ 好友，如图 4-53 所示。

（6）选择好好友后返回到"发布"界面，可以在标题栏中看到已经 @ 的好友昵称了，发布后即可通知这些好友，如图 4-54 所示。

（7）点击"添加位置"按钮，可以设置位置标签，如图 4-55 所示，当然如果你不想显示地址，也可以选择"不显示我的位置"来隐藏位置。

（8）选择好位置后，返回到"发布"界面即可看到效果，如图 4-56 所示。

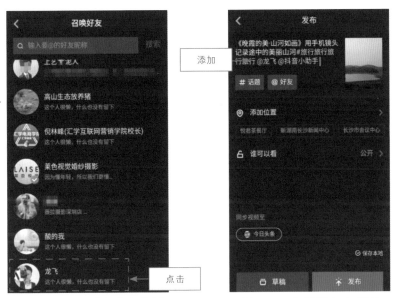

图 4-53　"召唤好友"界面　　　　图 4-54　在标题中 @ 好友

图 4-55　选择位置　　　　图 4-56　显示位置

（9）点击"谁可以看"按钮进入其界面，可以选择公开、好友可见和私密 3 个查看权限，如果想让所有人看见，建议选择"公开"，如图 4-57 所示。

（10）返回"发布"界面，用户可以选择将视频同步至今日头条平台，吸引更多人关注，也可以选中"保存本地"单选按钮，将视频下载到手机中。

设置完毕后，点击"发布"按钮，即可发布视频，上传并审核通过后，即可看到视频效果，如图 4-58 所示。

图 4-57　设置查看权限

图 4-58　发布视频效果

这里强调一下，抖音内容只有短短的 15 秒时间，因此我们一定要把能优化的所有内容都尽量优化到位。同时，在发布内容的时候，不得含有违规的不良词语和图像等内容，以免系统审核不通过。

下面介绍一些抖音作品的发布技巧。

- 稳定的更新频率，每天有节奏地进行内容发布，对用户形成黏性。同时注意，每天的短视频发布量不宜过多，建议 2～3 个。
- 周末和节假日特别重要，这时抖音平台的活跃用户量是激增的，意味着你的内容可能会被更多人看见。

抖音短视频的 10 个拍摄技巧

抖音的很多功能与小咖秀类似，但不同的是，抖音用户可以通过视频拍摄的快慢、视频编辑和特效等技术让作品更具创造性，而不是简单地对嘴型。本节介绍抖音短视频的 10 个拍摄技巧，帮助用户方便、快捷地制作出更加优质的短视频内容。

4.3.1 远程控制暂停更方便

在拍摄时，如果手机摆放位置比较远，此时用户可以利用"倒计时"功能来远程控制暂停录制。在拍摄界面点击"倒计时"按钮，例如我们只要拍摄 10s 就暂停，可以将暂停拉杆拖到 10s 的位置处即可，如图 4-59 所示。然后点击"开始拍摄"拍摄，当拍摄到第 10s 的时候就会自动暂停，如图 4-60 所示。

图 4-59　设置暂停时间

图 4-60　到设定时间后会自动暂停录制

4.3.2
调整合适的快慢速度

　　用户在使用抖音拍摄过程中，不仅可以选择滤镜和美颜等，还可以自主调节拍摄速度。其中，快慢速度调整和分段拍摄是抖音最大的特点，利用好这两个功能就能拍出很多酷炫的短视频效果。

　　快慢速度调整就是调整音乐和视频的匹配。如果选择"快"或者"极快"，拍摄的时候音乐就会放慢，相应的视频成品中的画面就会加快。反之，如果选择"慢"或者"极慢"，拍摄时的音乐就会加快，成品中的画面就会放慢。快慢速度调整功能有助于创作者找准节奏，一方面，可以根据自己的节奏做对应的舞蹈和剪辑创作，会使拍摄过程更舒服；另一方面，不同的拍摄节奏，也会大大降低内容的同质化，即使是相似的内容，不同的节奏所展现出的效果也是截然不同的。

　　如果放慢了音乐，你能更清楚地听出音乐的重音，也就更容易卡到节拍。这就降低了用户使用的门槛，让一些没有经过专业训练的人也能轻松卡住节拍。如果加快了音乐，相应地放慢了你的动作，最后的成品也会有不一样的效果。配合后面要说的分段拍摄，控制好你的快慢节奏，也会出现不错的效果。

4.3.3
分段拍摄视频更有创意

　　抖音可以分段拍摄短视频，也就是你可以拍一段视频暂停之后再拍下一段，最后拼在一起形成一个完整的视频。只要两个场景的过渡转场做得足够好，最后视频的效果就会很酷炫。例如，在拍摄热门的"一秒换装"视频时，我们就可以借助"长按拍摄"来方便地进行分段拍摄，如图 4-61 所示。

　　用户穿好一套衣服后，可以按住"按住拍"按钮拍摄几秒的视频，然后松开手，即可暂停拍摄。此时，用户可以再换另一套衣服，摆出跟刚才拍摄时一样的姿势，重复前面的"拍摄→暂停"步骤，直到换装完成即可。

拍摄第一段　　　　　暂停换装　　　　　拍摄第二段

图 4-61　借助"长按拍摄"功能拍摄分段视频

4.3.4 善于利用合拍蹭热门

"合拍"是抖音 App 的一种有趣的新玩法，如"黑脸吃西瓜合拍""瞪猫的合拍""西瓜妹合拍"及"记者拍摄合拍"等，出现了不少的爆款作品。

下面介绍和自己喜欢的视频合拍的操作方法。

（1）找到想要合拍的视频，点击分享按钮●●●，如图 4-62 所示。

（2）在弹出"分享到"菜单中，点击"合拍"按钮，如图 4-63 所示。

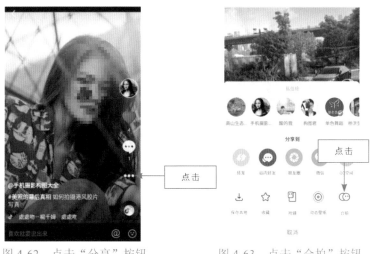

图 4-62　点击"分享"按钮　　　　图 4-63　点击"合拍"按钮

（3）然后用户可以添加道具、设置速度和美化效果等，点击"拍摄"按钮即可开始合拍，如图 4-64 所示。

（4）拍摄完成后，用户还可以对不满意的地方进行修改，再次设置特效、封面和滤镜效果等，如图 4-65 所示。点击"下一步"按钮即可发布视频。

图 4-64　开始合拍　　　　　　　图 4-65　拍摄完成

4.3.5 防止抖动保证对焦清晰

手抖是很多视频拍摄者的致命伤，在拍摄视频时，千万注意手不能抖，要时刻保持正确的对焦，这样才能拍摄出清晰的视频效果。为了防止抖动，用户可以将手机放在支架上或者找个东西立起来，必要时可以使用自拍杆，如图 4-66 所示。

图 4-66　使用自拍杆稳定手机

　　如果你的资金预算比较充足，可以选择专业级的手持稳定器，手持稳定器分为两种：手机手持稳定器和单反手持稳定器。这里特别介绍一下手机手持稳定器，如图 4-67 所示。手机手持稳定器已可以实现人脸识别、目标跟随自动转向、自动对焦、自动拍摄、360 度旋转拍摄和拍摄 360 全景影像等功能，加上手机的强大相机功能，将可以实现诸如延时拍摄、慢门拍摄、大光圈背景虚化拍摄、人脸识别自动补光、拍摄即完成美颜等功能，超前的技术让每个人都能成为明星。

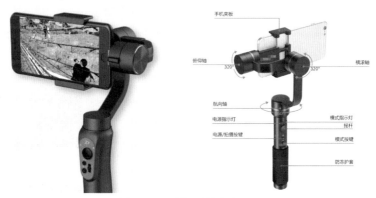

图 4-67　手机手持稳定器

　　另一种就是单反相机手持稳定器，也叫单反三轴稳定器，专业性极高，针对有单反的抖音用户，可以考虑购买。

　　对于资金预算不足的用户来说，则可以选择极其简单且实用的手机支架来帮助完成拍摄。这里主要推荐桌面支架、可夹式桌面支架、八爪鱼三脚架和手机三脚架等几款简单实用的支架，只要放在桌面就可实现拍摄，放在地上还可实现超低角度拍摄，如图 4-68 所示。

图 4-68　手机支架

4.3.6
注意光线增强画面美感

拍摄短视频时光线十分重要，好的光线布局可以有效提高画面质量。尤其是在拍摄人像时要多用柔光，会增强画面美感，要避免明显的暗影和曝光。如果光线不清晰，可以手动打光，灯光打在人物的脸上或用反光板调节。同时，用户还可以用光线进行艺术创作，比如用逆光营造出缥缈、神秘的艺术氛围。

在光线不好的地方，尤其是晚上昏暗一些的时候，拍照时经常会遇到这样的情况，用带滤镜的 App 拍照，画面非常模糊，此时可以开启闪光灯功能拍摄。

此时除了手机自带的闪光灯外，用户可以购买一个专业的外置闪光灯。这种闪光灯一般都是采用 LED 光源，光线比较柔和，可以让画面更加清晰柔美，人物的皮肤也会更加白皙，如图 4-69 所示。同时，用户还可以自由调节外置闪光灯的亮度，配合超宽的照明角度，可以实现 360 度旋转，满足不同的拍摄需求。抖音上有很多带光圈效果的视频，显得女孩子很漂亮，这种设备其实并不需要补光灯这种大型设备，在网上能买到手机摄像头小型补光设备，有需求的用户可以买一个，如图 4-70 所示。

图 4-69　手机外置闪光灯

图 4-70　手机摄像头多
功能补光灯

另外，在天气好的时候，可以尝试逆光拍摄，在拍摄界面可以对准高光区域进行测光，即可拍出艺术感十足的剪影大片，如图 4-71 所示。

图 4-71　拍摄视频时将测光点对准高光区域，拍出建筑的剪影效果

4.3.7
手动配置曝光和聚焦

注意，并不是所有的智能手机都具备曝光和聚焦功能，但如果你的手机有，就一定要学会设置，如图 4-72 所示（注：360 手机自带的相机应用）。尤其是对智能手机来说，AE（Automatic Exposure，自动曝光控制装置）锁定很重要，这会减少曝光，尤其是在进行围绕拍摄时，更要注意锁定 AE。

至于手动控制对焦，在从远及近地靠近人物拍摄时，这个功能非常实用。不同的手机设置焦距的方法也不同，具体设置可以根据机型上网搜索，如图 4-73 所示为 360 手机自带相机应用的焦距调整功能。

图 4-72　设置曝光值　　　　　图 4-73　设置焦距

4.3.8
选对视频拍摄的分辨率

在使用其他相机应用拍摄视频时，一定要选对文件格式，将分辨率调到最高水平，如图 4-74 所示。同时，注意将"录像码率"设置为"高"，可以得到更好的视频画质，如图 4-75 所示。"码率"就是视频的取样率，单位时间内取样率越大，精度就越高，拍摄出来的视频文件就越接近原始文件。

图4-74 设置分辨率

图4-75 设置"录像码率"

4.3.9
使用网格功能辅助构图

　　并不是只有专业摄影师才能拍摄出精彩的视频，其实普通用户也可以做到。事实上，那些给我们留下了深刻印象的照片或视频，往往是利用了专门将观众眼球聚焦到某一场景的特殊构图方法。这里要推荐给大家的是三分构图法，这一概念引述到智能手机上就是网格功能。如果你的手机上也有这个功能，那一定要记得在拍视频或拍照前先将其启用，如图4-76所示。

图4-76 开启网格功能

4.3.10
切换场景和添加时间特效

用户在拍视频前，应先想想自己的主题，然后想想在此主题下可以在哪些场景拍摄。即使是同一个场景，用户也可以不失时机地换个背景，如可以从远处将镜头推近，或者可以从近处将镜头拉远，甚至可以斜着拍，来避免视频过于单调，让视频画面更加生动。当然，你也可以选择在同一个场景内加入或更换一些道具，这些小细节往往会带来意想不到的效果。下面介绍两种常用的场景变换方法。

（1）忽远忽近的镜头感：最简单的方法就是拿着手机放远再推近即可。

（2）暂停拍摄切换场景：用户可以按住圆形的红色录制按钮开始录，几秒之后松手停止录制，换一个场景继续按住按钮录。在场景切换时，用户可以巧妙地利用手部或者衣物的遮挡来完成，可以让视频看起来更加酷炫。

另外，抖音 App 中拥有非常多的"时间特效"玩法，如"时光倒流""闪一下"和"慢动作"等。其中，倒放视频用到的就是用的"时光倒流"特效玩法，具体操作方法如下。

（1）正常录完视频进入预览界面，点击"特效"按钮，如图 7-77 所示。

（2）进入"滤镜特效"界面，点击"时间特效"按钮，如图 7-78 所示。

图 4-77　点击"特效"按钮　　　图 4-78　点击"时间特效"按钮

（3）切换至"时间特效"界面，点击"时光倒流"特效，如图 7-79 所示。

（4）执行操作后，即可应用"时光倒流"特效，可以看到视频下面的黄色进度滑块会从视频尾部开始滑动，滑向视频开始的拍摄位置，点击"保存"按钮保存即可，如图 7-80 所示。

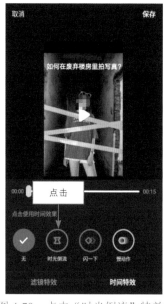

图 4-79　点击"时光倒流"特效

图 4-80　应用"时光倒流"特效

"闪一下"特效也可以称为"抖一下"，就是当视频画面播放到设置特效的位置时，画面会瞬间闪一下。"慢动作"特效就是当视频画面播放到设置特效的位置时，画面会出现一瞬间的慢放。

拍出好视频效果的
5 个原则

抖音 App 已经在不知不觉中影响了很多年轻人的生活，越来越多的用户开始离不开抖音，也有越来越多的人喜欢上了拍抖音。本节将介绍抖音短视频的 5 个拍摄原则，帮助用户拍出更好的视频效果。

 ### 4.4.1
确定好短视频内容风格

一般来说，在短视频拍摄之前需要做好整体构思，确定好抖音短视频的主体内容风格。例如，颜值高的用户，可以选择"刷脸""卖萌"或者"扮酷"，来展现自己的优势；拥有一技之长的用户，则可以充分利用抖音 15 秒短视频来展示自己的才华；擅长幽默搞笑的用户，则可以创作一些"戏精类"的内容，展示你的搞怪表演天赋。总之，不管是哪种风格，找到最适合自己的风格即可。

4.4.2
练好平稳运镜的基本功

在拍摄抖音短视频，特别是快速的镜头运用时，如果画面不平稳，用户看起来会很吃力。为了让短视频中的画面显示更为平稳，用户在拍摄时最好将手臂伸直，想象你的手臂就是一个机械臂，保持平稳地运镜，可以让画面更加流畅。

4.4.3
用动作卡好短视频节奏

抖音中的配乐以电音、舞曲为主，视频分为两派：舞蹈派、创意派，共同的特点是都很有节奏感。

在早期抖音刚刚进入人们视野的时候，抖音的常见玩法有两种：一是录制唱歌视频；二是随着节奏感极强的音乐表演舞蹈，如各种街舞和手指舞等，还有各种萌宠随着音乐摆出有节奏、有趣的、搞笑的动作，造就了一批又一批的抖音红人。

如果是提前拍摄的视频，后期再配音，把握不好节点怎么办？很多用户有这样的烦恼，因为有一些背景音乐是存在转折点的。如果自己的动作或场景切换等，和这些音乐节点合不上怎么办？答案是拍摄时间长一点的视频，尽量使得节点位置在中间，这样视频前面和后面的内容可以剪掉一些，保证节点不消失。

抖音主打的是让用户伴着选好的音乐录制视频，因此音乐中的节奏在视频中也占有一定的地位。你可以用动作卡节拍，也可以用转场卡节拍，只要节拍卡得好，视频也能获得很好的效果。因此，节奏的把握非常重要，用户可以多观察抖音的热门视频，借鉴他们的经验来提高自己作品的质量。下面介绍两个卡视频节奏的技巧。

- 一是尽量把动作放在音乐节奏的重音上面。
- 二是要挑选和视频内容相符的音乐。

例如，如果有翻书的声音，用户也跟着做翻书的动作。当然，声音和动作不一定要配合一致，也就是说有翻书的声音不一定非要做翻书的动作，也可以是和翻书声同频率地抖肩。这一部分的关键还是配合着音乐，卡好你的动作。

另外，还有一种爆款玩法，那就是镜头随着动感音乐进行切换，比较有代表性的是《离人愁》或者节奏版苹果手机铃声。这一类的玩法，每一个节奏点都会有视频拍摄者的变装或者炫酷的运镜。值得一提的是，这类视频放在现在的抖音环境中依然十分出挑。比如，2018 年 8 月初，有一版模仿最早的《离人愁》录制的视频，目前收获了 170 多万的点赞，评论纷纷表示"回到最初的抖音""十分怀念这种抖音"。此外，这一类视频也衍生出了教你如何进行酷炫运镜和转场技巧等教程，并且都可以收获不少的点赞与播放量，依然为众多的视频拍摄者所需要。由此可见，随音乐进行表演的玩法从来不会过时。

4.4.4
转场时参照物保持不变

不管你用什么作为转场的中介，有几个关键点是万变不离其宗的，只要把握好了这几点，你就能玩转视频转场。其中，关键在于抓住视频内参照物的不变性，以及动作的连贯性。

在视频转场时，除了你要变换的东西以外，其他参照物尽量保持不变。如果参照物是人，那么这个人的表情、动作和拍摄角度，在画面中占的比例都要尽量不变。

视频转场可以分为静态转场和动态转场两种，下面分别进行介绍。

1. 参照物不变【静态转场】

如果用户想做出"秒换服装"的效果，就必须做到除了服装款式以外，屏幕内的其他元素都不变，包括本人的动作表情之类的元素。

同样地，如果用户想换一个背景，就以上一个场景的最后一个动作作为下一个场景的开始动作，来继续拍摄。例如，用户在上一个场景结束时，伸出右手手掌，从右往左平移到中间挡住摄像头，然后视频暂停；那么，用户在拍摄下一个场景时，就要从右手手掌在中间挡住摄像头的这个画面开始继续拍摄。

2. 动作的连贯性【动态转场】

连贯的含义就是上一个场景中的动作要无缝衔接到下一个场景。比如，这个场景用户正在做向下蹲的动作，蹲到一半时视频暂停了，则下一个场景中用户也要从刚刚蹲到一半的地方继续往下蹲。

动态转场主要有以下 3 种方式。

（1）摄像机不动，保持主体对象动作的连贯

例如，上一个场景中你伸出手拳头盖住摄像头，下一个场景你也要是以同样的姿势收回你的拳头，中间可以换衣服换背景甚至换另一个人。

你还可以将手伸向摄像头，暂停后切换成后置摄像头，开拍的时候手继续向前伸出去，最后看起来就像是你的手穿过了手机屏幕一样。当然了，要想最后成品效果好，除了要改变的东西变化以外，其他元素都要尽量保持不变。

（2）主体对象不动，保持摄像机拍摄方向的连贯

这里用一个案例解释拍摄镜头的连贯性。例如，上一个场景用左手把手机从中间水平移动到你的左边，下一个场景就要用右手把手机从你的右边移回中间，这样最终的效果看起来就像是镜头绕了你一圈。

（3）主体对象和摄像机都动，且前后连贯

如果有其他人帮你拍，你可以试试这种方式。例如，你头向右看，摄像机跟着你往右拍；此时暂停，换另一个人和另一个场景，同样让摄像机从左

向右拍。最后的成果看起来就像是 PPT 里面比较常见的"后一帧推走前一帧"的转场效果。

上面这几种方法都是比较基础和简单的，用户可以结合抖音里的运镜达人的视频，多模仿和练习。同时，用户还可以更换例子里面的元素，利用好分段拍摄的功能，发散思维，做出更多酷炫的效果。

4.4.5
善于运用小道具和后期

一段普通的视频很容易被淹没，若想获得更多的关注，一定要提高视频质量和品位，就需要更复杂的后期玩法了。除了前期的拍摄，视频的呈现效果还取决于善于运用道具、滤镜和后期，所以抖音上一些火爆视频的成功也是来之不易的。

下面介绍运用小道具和后期处理视频的操作方法。

（1）进入抖音拍摄界面，点击左下角的"道具"按钮，展开道具菜单，用户可以根据视频内容或者自己的喜好，选择相应的道具类型，除了场景道具外，还有很多手控和声控道具，用户根据屏幕提示做相应的操作即可，如图 4-81 所示。

图 4-81　应用小道具

（2）拍摄好视频后，点击"特效"按钮，如图4-82所示。

（3）执行操作后，进入"滤镜特效"界面，如图4-83所示。

图4-82 点击"特效"按钮   图4-83 "滤镜特效"界面

（4）按住相应的特效按钮，视频会自动开始播放，松开后会在这段视频上添加该特效，用户可以重复执行该操作，继续添加其他滤镜特效。例如，这里分别给视频添加了"抖动""闪白"和"霓虹"滤镜效果，如图4-84所示。

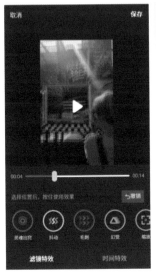  

图4-84 添加多种滤镜特效

　　道具和滤镜的正确配合，可以对视频起到很好的点缀和优化作用，如图 4-85 所示。另外，每种特效里面也有很多种选择，用好这些后期特效也能带来意想不到的效果，而且还可以利用道具和特效来掩盖拍摄中的瑕疵，如图 4-86 所示。总之，开动脑筋，先构思好你的剧本，再用前面说的技巧玩出花样，相信你很快就能做出自己意想不到的短视频作品。

图 4-85　道具和滤镜的结合

图 4-86　利用道具掩盖瑕疵

/第/5/章/

直播： 抓住直播的风口，
打造网红 IP

在互联网时代，对于内容创业者来说，如果选择自媒体变现的方式，则需要学会运用互联网思维卖货的技巧。例如，抖音直播就是一个以"网红"内容为主的社交平台，将互联网思维融入社交平台，为明星、模特和红人等人物 IP 提供更快捷的内容变现方式。

本章主要介绍抖音直播这种流行的自媒体新玩法，包括直播的作用、开通方法，以及直播技巧等。

5.1 引入直播对抖音的作用

如今，"直播＋短视频"早已不是新鲜玩法，做直播的平台都惦记着短视频的流量，而做短视频的也都想利用直播实现变现。快手、美拍、火山小视频等短视频平台都先后上线了直播功能，抖音也在这波"直播热"浪潮中，悄然重回直播阵营，来抢占直播风口，如图5-1所示。对于初次使用热门直播功能的用户，系统还会贴心地送上教程，如图5-2所示。

图 5-1　抖音推出直播服务

图 5-2　热门直播的教程

抖音热门直播的上线，旨在持续输出"美好正能量"内容，同时也意味着抖音直播功能已经从之前的小范围测试，变成了大范围的生态构建，这样也免除了用户对内容的"饥饿感"。本节主要分析引入直播给抖音带来的作用，具体包括获取新用户、提高活跃度、提高留存率、促进分享拉新、增强社交属性、拓展变现渠道，以及承担社会责任等。

5.1.1 获取新用户

抖音平台开通直播功能究竟有什么作用？第1个作用是获取新用户。抖音的首要目的毫无疑问的是获取用户，如果没有用户，就谈不上运营。

回顾2017年年底，抖音用户增长势头正猛的时候，除了明星合作和综艺冠名的传统营销方式外，还借助"撒钱拉新"的直播互动问答来吸引新用户。当时今日头条巧用问答风口，通过"百万英雄"一个项目，一口气连接了包括抖音在内的多个产品，让直播问答发挥了同时拉动各个产品用户数据增长的功能，如图5-3所示。有数据显示，在2018年1月答题模式热度最高的时间段内，抖音的下载量超过了1 150万次。

图5-3 "百万英雄"项目

5.1.2 提高活跃度

看到活跃度，很多人首先会想到的指标是DAU（Daily Active User，日活跃用户数量）和MAU（Monthly Active Users，月活跃用户数量），这两个数据基本上说明了一个应用当前的用户群规模。

通常活跃用户是指在指定周期内有启动应用的用户，但是启动是否真的等于活跃？如果在指定周期内只启动了一次，而且时间很短，这样的用户活跃度其实并不高。所以，活跃度还要看另两个指标：每次启动平均使用时长和每个用户每日平均启动次数。当这两个指标都处于上涨趋势时，就可以肯定应用的用户活跃度在增加。

开直播对活跃用户的作用主要有增加在线时长和启动频次。根据"抖音企业蓝 V 白皮书"报告显示，2017—2018 年短视频应用总体用户规模大幅度增长，2018 年 4 月 DAU 达到了 1.6 亿的峰值，并继续保持上涨趋势，如图 5-4 所示。2018 年春节期间，抖音的每日活跃用户数经历了一轮"暴涨"，由不到 4 000 万上升至近 7 000 万，直播答题"百万英雄"活动功不可没。

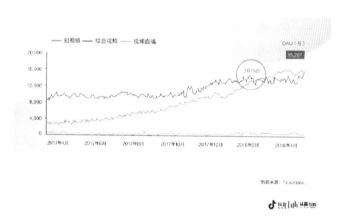

图 5-4　短视频应用总体用户规模大幅度增长（图表数据来源：抖音企业蓝 V 白皮书）

早在 2017 年，在谈及直播功能时，抖音曾公开对外表示，直播是一种强互动的内容形式，可以很好地维系粉丝和达人的关系。基于这种互动，此次热门直播的引入，在用户使用时长和启动次数上或将为抖音的活跃度做出贡献。

5.1.3　提高留存率

开通直播功能对于抖音的第 3 个作用是提高留存率，通过建立关系链来提升用户黏性，解决"用户来得快，走得也快"的问题。

我们知道，抖音是一种 PUGC（Professional User Generated Content，即"专业用户生产内容"或"专家生产内容"）的内容模式，是以 UGC（User Generated Content，用户原创内容）的形式产出相对接近 PGC 的专业内容。

PUGC 生态战略集合了 UGC 和 PGC 的双重优势，既有了 UGC 的广度，又有通过 PGC 产生的专业化内容，从而更好地吸引和沉淀用户。这背后是抖音继承的头条系"去中心化"基因——并不依赖于抖音达人，而真正实现"内容为王"。每条抖音视频相对"公平"的竞争，确保了受众能够持续获得优质的内容。因此，抖音用户所着迷的，不是那些达人，而是内容本身。

按照"强互动"说法，部分用户确实有可能基于对达人的喜爱，而提升对平台的黏性。但是，从一开始便以"去中心化"聚合的受众是否能在平台上完成这轮转化，还有待观察。

并且笔者发现，热门直播的推出，改变了之前只能观看自己已经关注的达人直播的"等待"模式，直播也形成了一种信息流模式。无论用户所关注的达人是否正在直播，都会有一个"正在直播"字样的头像显示在抖音故事栏中，点击即可进入热门直播界面，以图片列表的形式，展现正在直播的抖音达人，如图 5-5 所示。

在热门直播中，还可以用上下滑动屏幕来自由切换直播间，如图 5-6 所示。即使用户关注的达人在你刷抖音时不在直播，用户也能通过与刷推荐信息流一样的操作，找到想看的直播内容。自此，抖音开启了"刷"直播的新时代。

图 5-5　以图片列表的形式展现主播　　图 5-6　上下滑动切换直播间

5.1.4
促进分享拉新

抖音开通直播功能可以为产品注入自发传播的基因，从而促进应用的分享拉新。从"自传播"到再次获取新用户，应用运营可以形成一个螺旋式上升的轨道。

抖音直播目前是通过外部链接转发，如朋友圈、微信和 QQ 空间等渠道，如图 5-7 所示，在用户的好友中形成"自传播"，对于拉新也起到一定带动作用。

图 5-7　抖音直播的外部链接转发渠道

5.1.5 增强社交属性

目前，用户使用抖音的主要目的是追求精品化的娱乐享受，信息传播的方式更多是被动算法推荐，而不是关注式的订阅。抖音直播推出之后，因直播的强互动性，能加强精品短视频创作达人与粉丝之间的联系，"社交弱"、创作者与粉丝之间的"弱相关性"等问题或有望破冰。

直播与短视频两种业态模式上的差异如下。

- 直播主要靠打赏提成，属于直接付费，且用户黏性和关注持久度更长，甚至有感情依赖性。
- 短视频则主要靠广告，属于间接付费，整体流量更大，但用户黏性未必高。用户的时间是有限的，想要持续吸引用户注意力，提升用户关注时长，抖音直播功能的加入将弥补其社交短板。

虽然目前抖音短视频的评论区已形成了一种独特的社区氛围，但关注和评论这种低频单次的互动，难以让人与人之间形成密切的关系链，只能满足较弱的社交关系建立。直播则让抖音从依靠算法为主的推荐模式，逐渐向依靠订阅、互动为主的社交模式发展。

5.1.6 承担社会责任

在移动互联网时代，流量更是一种社会责任的表现。抖音是一款记录美好生活的产品，每多一个流量入口，就更方便用户互动和交流。所以积极向上、健康有益、能够给用户带来正能量的直播更应该被平台倡导，同时直播内容的舆论导向、公序良俗等问题也要被重视起来。抖音的最大不同是突出强调"绿色健康"，进入直播间，就会收到抖音倡导绿色健康直播的内容提示，如图5-8所示。

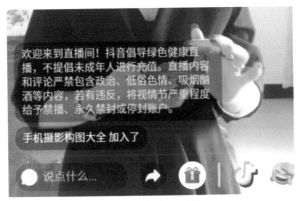

图 5-8　抖音绿色健康直播的内容提示

5.2 抖音怎样开直播权限

抖音直播功能自上线起就一直备受关注，有关如何开启直播的话题热度也高居不下，"5万粉丝以上才拥有资格"是目前最广为传播的一个版本，但拥有了5万粉丝后又该如何操作？

5.2.1 开播权限的标准和申请方法

笔者在抖音App后台发现，抖音官方已公布了开播权限的标准和申请方法。

- 5万以上粉丝、视频均赞超过100且多数为使用抖音拍摄（非上传）。
- 技术流及发布优质多元化内容的达人。
- 积极参与抖音产品内测的体验师。

满足任意一条标准，发送邮件至抖音邮箱，通过官方评审后，即可优先获得开播权限，如图5-9所示。

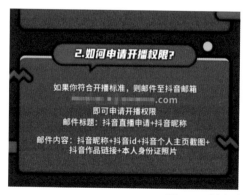
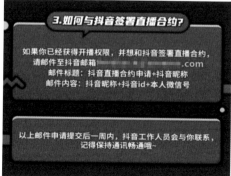

图5-9　抖音直播的申请方法

签约账号的前提是：用户已经获取直播的权限，然后再次发送邮件至官方邮箱账号，等待时间为一周左右。

5.2.2
抖音热门直播的3个重要入口

抖音没有设置单独的直播分类入口，同时信息流里也不会出现直播内容，入口设置得非常隐蔽。目前，抖音热门直播有以下 3 个流量入口。

1. 抖音故事入口

进入抖音 App 的"首页"或"关注"界面，在顶部的抖音故事栏中点击"正在直播"的相应主播头像，即可进入直播间，如图 5-10 所示。

图 5-10 抖音故事入口

2. 推荐页头像入口

在信息流推荐页，虽然没有直接加入直播内容，但还是设置了一个头像入口，用户可以点击粉色圈直播标识头像进入直播间，如图 5-11 所示。

图 5-11　推荐页头像入口

3. 主页头像入口

在个人资料界面的头像下方，如果看到"直播中"字样，则说明该用户正在进行直播，点击头像即可进入直播间，如图 5-12 所示。作为短视频平台，抖音还是以短视频内容为主，采用"随缘直播"的形式，用户是得不到通知的。

图 5-12　主页头像入口

5.2.3
抖音直播必须思考的3个问题

从 2017 年 11 月，抖音传出直播功能内测。2018 年年初抖音发布招募首批主播计划的消息，直播行业内部，已然涌动。

2018年春节过后，越来越多的达人在抖音上陆续拥有了直播权限，抖音本身对于直播的重视和探索也越来越深入。但2018年4月中旬，抖音方面却突然对外宣称，因提高内容审核标准和建设正能量视频内容池，将暂停直播功能，如图5-13所示，让很多用户猝不及防。

抖音短视频暂时关闭直播、评论功能将全面整改

今日头条 2018-04-11 11:56:24

抖音方面表示，即日起，为更好地向用户提供服务，抖音将对系统进行全面升级，其间直播功能与评论功能暂时停止使用，升级完毕后会再次开通。

此次抖音系统升级将进一步提高内容审核标准，优化审核流程，加强对平台内容的管理，包括评论与直播。升级过程中抖音将秉持积极、向上、健康的产品导向，持续建设正能量的视频内容池。

图 5-13　抖音暂停直播功能的消息

后续虽没有公布直播功能将于何时重新上线，但如今，抖音直播功能已经悄然恢复。在直播的模式上，抖音依然保持了非秀场模式的套路，以粉丝点赞作为排行，侧重达人与粉丝之间的互动性。按照一款应用的生命周期节点来分析抖音的话，对于抖音"嫁接"直播，还有3个问题值得思考。

1. 内容把控问题

在2016年爆火的网络直播，同期因低俗备受诟病。因为模式单一，内容低俗，直播在进入2017年后逐渐沉寂。2017年年底，直播答题换上"马甲"重出江湖，但好景不长，火热的背后，是缺乏监管而带来的风险和不良社会影响。

随后，广电总局正式发出通知，要求加强管制网络视听直播答题活动。通知中明确指出，未持有《信息网络传播视听节目许可证》（以下简称《视听许可证》）的任何机构和个人，一律不得开办网络直播答题节目，浇灭了直播答题重现直播盛景的雄心。内容监管，对于开展直播的平台来说是个严峻的考验。

从2018年开始，短短半年时间，今日头条已经被约谈、道歉至少三次。如若此时直播再"踩雷"，会得不偿失。这背后，需要强大的内容监管机制，而不仅仅是直播间里弹出的"直播内容严禁包含低俗"的提示所能解决的。

2. "去中心化"的抖音和"中心化"红人直播之间的违和嫁接问题

早在2017年，抖音就曾公开表示，抖音直播一不做秀场，二不会有纯职

业主播。抖音方面表示："从抖音出发我们希望直播更多承担达人和粉丝互动交流的作用。做秀场会很有可能达不成这个目标。"

按照当时的布局，直播内容要区别于一般秀场直播，带有抖音自身的特点。由此可见，抖音已经想到了与直播的牵手会有种种"违和"问题。因此，抖音希望尽量保护抖音的风格不受直播的影响。这也就不难解释，为什么抖音的入口隐藏深，信息流里不出现直播，直播界面很不"友好"等行为了。

3. 如何创新玩法，避免透支流量？

"直播内容抖音化"又引出了第三个问题。iiMedia Research 在 2018 年年初给出了一份数据：2017 年中国在线直播用户规模达到 3.98 亿，预计 2019 年用户规模将突破 5 亿；相比 2016 年、2017 年直播行业用户规模增速明显放缓，增长率为 28.4%。这份数据还给出了一个方向性预测：互联网直播的"娱乐性"特征将逐渐向"工具性"特征转化。比如，"开箱直播"、在线抓娃娃直播、"淘宝直播产业化"等一系列模式，都是这一过程的代表。

直播开始谋求向"推介平台"的工具化方向转化，将较低附加值的"娱乐需求"调整至高附加值的"功能需求"。但在这一点上，如果"老铁 666"时代的主播思维不改变，跟不上"工具性"特征转向，那么商业模式和玩法在两年前的"直播混战"中已经穷尽，这一轮直播的"回头路"有没有必要再走？

综上来看，目前热门直播在抖音中还处于"低到尘埃里，找都找不见"的状态，未来想要成为变现主力，还有一段较长的路程要走。

5.3 打造火爆直播的玩法

在运营抖音直播的过程中，一定要注意视频直播的内容规范要求，切不可逾越雷池，以免辛苦经营的账号被封。另外，在打造直播内容、产品或相关服务时，用户首先要切记遵守相关法律法规，只有合法的内容才能得到承认，才可以在互联网中快速传播。

 ## 5.3.1 建立更专业的直播室

首先要建立一个专业的直播空间，主要包括以下几个方面。

- 直播室要有良好稳定的网络环境，保证直播时不会掉线和卡顿，影响用户的观看体验。如果是在室外直播，建议选择无限流量的网络套餐。
- 购买一套好的电容麦克风设备，给用户带来更好的音质效果，同时也将自己真实的声音展现给他们，如图5-14所示。

图 5-14　直播专用的手机麦克风设备

■ 购买一个好的手机外置摄像头（如图 5-15 所示），让直播效果更加高清，给用户留下更好的外在形象，当然也可以通过美颜等效果来给自己的颜值加分。

图 5-15　手机外置摄像头

其他设备还需要准备桌面支架、三脚架、补光灯、手机直播声卡，以及高保真耳机等。例如，直播补光灯可以根据不同的场景调整画面亮度，具有美颜、亮肤等作用，如图 5-16 所示。手机直播声卡可以高保真收音，无论是高音或低音都可以还原更真实的声音，让你的歌声更加出众，如图 5-17 所示。

图 5-16　LED 环形直播补光灯

图 5-17　手机直播声卡

5.3.2
设置一个吸睛的封面

抖音直播的封面图片设置得好，能够为各位主播吸引更多的粉丝观看。目前，抖音直播平台上的封面都是以主播的个人形象照片为主，背景以场景图居多，如图5-18所示。抖音直播封面没有固定的尺寸，不宜过大也不要太小，只要是正方形就可以，但画面要做到清晰美观。

图 5-18 设置一个吸睛的封面

5.3.3 选择合适的直播内容

目前，抖音直播的内容目前以音乐为主，不过也有其他类型的直播内容在进入，如美妆、美食、"卖萌"，以及一些生活场景直播等。从抖音的直播内容来看，都是根据抖音社区文化衍生出来的，而且也比较符合抖音的产品气质。

在直播内容创业中，以音乐为切入点可以更快地吸引粉丝关注，在更好地传播好音乐内容的同时，也可以让主播与粉丝同时享受到近距离接触的快感。

5.3.4 掌握直播的互动技巧

抖音没有采用秀场直播平台常用的"榜单PK"等方式，而是以粉丝点赞作为排行依据，这样可以让普通用户的存在感更强。

下面介绍抖音直播的几种互动方式。

（1）评论互动：用户可以点击"说点什么"来发布评论，此时主播要多关注这些评论内容，选择一些有趣的和实用的评论进行互动，如图5-19所示。

图 5-19　发布评论

（2）礼物互动：礼物是直播平台最常用的互动形式，抖音的主播礼物名字都比较特别，不仅体现出浓浓的抖音文化，同时也非常符合当下年轻人的使用习惯及网络流行文化，如"小心心""仙女棒""热气球""抖音 1 号""比心"及"棒棒糖"等，如图 5-20 所示。

图 5-20　主播礼物

（3）点赞互动：用户可以点击右下角的抖音图标，给喜欢的主播点赞，增加主播人气，如图 5-21 所示。

主播的总计收入是以"音浪"的方式呈现的，粉丝给主播的打赏越多，获得的人气越高，收入自然也越高，如图 5-22 所示。

图 5-21 点赞互动　　　　　图 5-22 直播获得"音浪"值

5.3.5
建立粉丝团管理粉丝

　　抖音直播的主播一般都会有不同数量的粉丝团，这些粉丝可以在主播直播间享有一定特权，主播可以通过"粉丝团"与粉丝形成更强的黏性。点击直播页面的左上角的主播昵称下方的粉丝团，然后点击"加入 Ta 的粉丝团"按钮，支付 60 抖币，即可加入该主播的粉丝团，同时可获得"免费礼物""粉丝铭牌"和"抖音周边"等特权，如图 5-23 所示。

图 5-23 加入主播粉丝团

原创: 轻松创作100 000+赞创意内容

　　如今，由于短视频的兴起以及雨后春笋般涌现的 UGC 渠道，比如从抖音所掀起的热潮，使自制内容营销开始火爆起来，并成为目前流行的营销手段之一。抖音短视频的内容创作门槛非常低，普通用户也可以创作出很有趣的优质视频，并可以将内容随时随地传递到抖音平台上。

　　本章将介绍抖音的内容原创技巧，帮助大家轻松创作出点赞量突破 100 000 ＋的创意内容。

🔍 **6.1　自制 IP 的三种热门曝光形式** ▾

🔍 **6.2　抖音原创内容的 5 大玩法** ▾

🔍 **6.3　吸引用户的短视频原创技巧** ▾

自制 IP 的三种热门曝光形式

自制内容这种形式很早就有，在图文时代，很多企业就通过自建公众号用图文内容来营销包装自己，如图 6-1 所示。只不过由于图文的自身局限性及渠道单一，当时的效果并没有现在好，在对 IP 形象的塑造和曝光方面，图文和短视频的差距是非常大的。

图 6-1　公众号中的图文内容

举例说明，大家可以思考，自己愿意用一小时去看抖音中的短视频还是去看图文内容？一个小时能看多少图文，又会看多少抖音短视频呢？答案很明显，大家更愿意去轻松地看短视频。这就是时代趋势，也是现在企业为什么更偏向于自制视频内容的一个原因。本节主要介绍自制 IP 内容的 3 种比较热门的曝光形式：内容本身入手、平台运营入手，以及渠道资源入手。

IP是英文Intellectual Property（知识产权）的简写，IP可以是一本书、一个人、一种形象、一个城市、一件艺术品或者一种流行文化等，IP的背后有成千上万的粉丝，有属于自己的生命力。

6.1.1 从内容本身入手

从抖音短视频的内容本身入手，有两个方向，可以对品牌的曝光起到很好的优化作用。

（1）偏策划：首先是一个栏目或IP的整体策划，策划前需要思考，做栏目的目的是持续地增加曝光量还是短期曝光等。其次，有了整体策划，就得有单期视频的策划，要细化到短视频的形式、软植入和硬植入的方式等。

（2）偏后期制作：从后期包装的角度也能增加品牌的曝光，比如片头包装中直接加入品牌名和Logo，片中以角标、花字形式做植入，片尾也可以做一些导流转化的内容，如图6-2所示。

图 6-2　在短视频中植入花字形式

抖音短视频非常讲究内容的精华度，建议用户每一秒都认真考虑一下画面感及观众感受，特别是前几秒的画面感。用户可以将15秒的视频拆解成封面、内容和"爆梗"三个部分。封面要抓住用户的眼球，吸引用户，然后开始内容，结尾的时候一定要留一个"梗"，让用户觉得意犹未尽。例如，下面这个短视频，开始时是一个雨水打在玻璃上的朦胧画面，随着雨水流下，镜头越来越清晰，加上后期偏灰暗的色调处理，呈现出雨中的美丽街景，让人产生向往和共鸣，如图 6-3 所示。

图 6-3　雨中的短视频示例

6.1.2
从平台运营入手

从平台运营入手包括精细化运营和多渠道分发两个方面，同时这两个方面相辅相成。用户一定要注意，多渠道分发是必须要去做的，这样我们才能知道哪个渠道更适合我们的内容，以及传播效果更好。

同时，多渠道分发能帮助用户去了解各个渠道，也能给精细化运营带来一个指导性的帮助，做渠道分发要结合渠道的功能来增加抖音号的曝光。渠道并不是一成不变的，可能会在某一阶段给某一方面的内容提供流量和政策上的扶持。并且不要太过依赖某一渠道，如果某个渠道违反政策，导致你的账号被封，那就得不偿失了。

再者就是"互动与发声"，频繁的"互动和发声"其实就是刷"存在感"，是强化品牌形象的一种手段，这也是平台运营必须要做的工作。

6.1.3
从渠道资源入手

如今，市场已经不存在遥不可及的资源了。渠道会有很多的 MCN，渠道会给这些 MCN 一些流量资源，然后 MCN 再把资源分配给下面的 IP。这对创作者来说就降低了门槛，资源的获取会比较容易，比如说参加渠道活动的资源等，这种方式都是免费资源。再来分析付费资源，大部分主流渠道都支持这种曝光方式，如微信、微博、今日头条、抖音都支持付费推广，这种功能对于我们来说是非常便捷的信息流广告功能。图 6-4 所示为抖音平台上的付费广告。

图 6-4　抖音平台上的付费广告

付费资源的好处如下。

■　自由化，广告主想投哪条视频、想投多少钱，这些都可以自己决定。

■　广告主能够更好地把控投放效果，可以看到效果再选择是否追投。

MCN（Multi-Channel　Network，多通道网络）是一种多频道网络的产品形态，可以将PGC内容有效联合起来。同时在资本的有力支持下，保障内容的持续输出，最终实现商业的稳定变现。

抖音原创内容的
5 大玩法

正是抖音的"普世"观念，让它迅速成为年轻人的时尚标志。笔者印象比较深刻的是，抖音刚开始流行时，还只是身边的一些中学生、大学生在用。如今，从抖音里的"网红"视频来看，中年人群体也已经占了很大比例，另外"00后"也已经扛着大旗赶来，抖音的用户群体变得更宽了。

抖音的"普世"体现在功能上就是方便、快捷、零门槛，只要你有一个智能手机，一般人都可以拍出一款自己喜欢的短视频。随着用户群体的拓宽，视频内容也开始变得琳琅满目，从最开始的唱歌跳舞、对口型，到现在的写字、画画、做饭……越来越生活化，越来越接近我们的生活。

如果你看过抖音，你就会发现，生活中处处是达人。这也就意味着，只要有条件，"素人"完全可以变成"网红"，甚至是明星。所以说，抖音为什么这么火？除了自己的特色吸引了用户之外，根本上还得益于如今的客观大环境，现在这样一个全民娱乐的信息时代，一切皆有可能。

那么大家又会问，那我应该在抖音上拍什么？如图6-5所示，这是抖音原创内容的五大玩法，大家可以参考和借鉴。

拍摄抖音五大玩法

技术流	音乐类	舞蹈类	科普类	情感类
1：Transition； 2：□□； 3：转场；	1：原创音乐 2：跟随音乐敲词进 行舞蹈演绎 3：对口型唱歌表演	1：手势舞 2：手指舞 3：专业舞	1：职业普及；2：艺术 3：烹饪；4：亲子 5：运动 6：日常物讯	1：情感类 2：朗诵 3：MV

图 6-5　抖音原创内容的五大玩法

6.2.1
技术流

所谓的"技术流",包括各种技术:舞蹈、视频特效、手工及厨艺等。凡是有以上特长体现的视频,十有八九都会被二次传播。

你可能会说:自己既不会跳舞,也不会做手工,更不会做饭,也没学过视频特效软件的使用,怎么办?那我只能说:"连视频中的孩子都能学会跳舞,只要你想,就去行动吧!付出总会有回报。"

"技术流"常见的技巧包括 transition、运镜、转场、剪辑和特殊技巧等。

1. transition

transition 的中文意思是"变换",很多短视频都是运用多组镜头和特效变换合成的,中间充满了各种"变换"效果,所以看起来会非常的炫酷。

制作 transition 类型的视频需要一定的视频制作基础知识,要熟练运用一些切视频软件、渲染特效软件以及 P 图软件。

例如,这是某个短视频的 transition 部分,整个画面天旋地转,如图 6-6 所示。这其实就是抖音的真正初衷,就是希望大家都拍出 transition 类型的视频。所以,很多抖音的达人一开始都是从玩 transition 入门的。

图 6-6　某个短视频的 transition 部分

2. 运镜

抖音运镜的主要技巧就是用手控制手机，手往哪边，手机就要往哪边移动。建议大家先从最基础的运镜开始学，用户可以在抖音上搜索"运镜教程"，根据热门视频试着练习一番，如图6-7所示。

图6-7 搜索运镜教程学习运镜技巧

3. 转场

抖音可以分段拍摄，其中段落与段落、场景与场景之间的过渡或转换，就叫作转场。在抖音上经常看到很多"变装"和化妆之类的视频，都需要用到转场技巧。如图6-8所示，这个视频画面中的人物，就是通过一瞬间的快速下蹲过程，来完成场景的切换，并实现"变装"效果。

抖音上最常用的转场方法就是用手或其他顺手的东西去遮挡镜头，再挪开，如图6-9所示，非常简单易学，适合化妆类短视频内容的转场。具体的操作方法为：开始拍摄一段人物画面，然后用手遮挡镜头并暂停拍摄；接着完成妆容，再把手放回摄像头的位置，点击继续拍摄，最后把手挪开，拍摄化妆后的人物画面效果。

图 6-8　"变装"转场示例

图 6-9　利用卷发棒来遮挡镜头完成转场

4. 剪辑

　　在短视频的拍摄当中，不一定所有的视频片段都是有用的，一段好的短视频作品，一定是后期优秀剪辑的结果。视频剪辑能将视频中优秀部分保留下来，而将无关紧要或者多余的剪辑掉，使留下来的视频都是精挑细选之后最好的画面，这样才能保证短视频的质量。

5. 特殊技巧

抖音官方会举办一些"技术流"的挑战赛，鼓励用户走向更高品质。一些用户为了学习达人的拍摄技巧，跟随音乐晃动镜头，或是像变魔术一样进行各种转场，会从白天一直学习到半夜，为的就是能够拍摄出达人那样酷炫、自然的视频。

另外，用户也可以给短视频添加一些小道具，这个小道具和"Faceu激萌""B612咔叽"等应用比较相似，都是可以让画面更可爱、更"鬼畜"、更有趣的小玩意儿。总之，多种排列有无限种可能，便于用户创作出很多新潮、不一样的作品。下面介绍两种特殊拍摄技巧。

（1）倒影拍摄法

拍摄方法1：如果刚下过雨，可以直接利用地上的积水，没下雨的话可以在地上倒些水，使得水面能够映出人像；然后将手机放低，低到可以看清水面上的倒影，并选择自己喜欢的滤镜拍摄即可。

拍摄方法2：如果是下过大雨，地上的积水比较多的话，建筑物的倒影就会清晰出现在水面上，这时候可以直接翻转手机，倒过来拍就好，如图6-10所示。

图6-10　倒影拍摄法短视频示例

（2）保鲜膜拍照法

拍摄方法：将保鲜膜摊开，挡在模特的脸部前面，然后在保鲜膜上洒上水，制造水珠，然后使用"闪光灯＋反差色滤镜"拍摄即可，如图 6-11 所示。

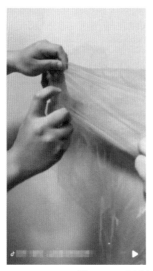

图 6-11　保鲜膜拍照法短视频示例

6.2.2 音乐类

音乐类短视频玩法可以分为原创音乐类、跟随歌词进行舞蹈和剧情等创作的演绎类，以及对口型的表演类。

1. 原创音乐类

原创音乐比较有技术性，要求用户有一定的创作能力，能写歌或者会翻唱改编等，这里我们不做深入讨论。

2. 跟随歌词进行舞蹈

音乐类的这种舞蹈，更加偏向于情绪的表演，注重情绪与歌词的关系，对于舞蹈的力量感的这种专业性要求不是很高，对舞蹈功底也基本没有要求。例如，音乐类的手势舞，用户只需用手势动作和表情来展现歌词内容，将舞蹈动作卡在节奏上即可。

如比较热门的《小了白了兔》《我的将军啊》《只对你有感觉》《佛系少女》《心愿便利贴》，以及《睫毛弯弯》等音乐类的手势舞，大家可以看见她们的情绪跟歌词的内容情绪非常吻合，如图 6-12 所示。

《佛系少女》
@×××

《我的将军啊》
@×××

图 6-12　热门的音乐类手势舞

3. 对口型表演类

对口型表演类的玩法难度会更高一些，因为用户既要考虑到情绪的表达，还有口型的准确性。所以，在录制的时候，当我们要选择拍摄的时候，可以先选择开启"快"速度模式，然后你对口型的这个音乐就会变得很慢，可以更准确地进行对口型的表演。同时，大家要注意表情和歌词要配合好，每个时间点，出现什么歌词，你就要做什么样的口型。

 6.2.3
舞蹈类

除了比较简单的音乐类手势舞外，抖音上面还有很多比较专业的舞蹈视频，包括个人、团队、室内以及室外等类型，同样讲究与音乐节奏的配合。例如，比较热门的有"嘟拉舞""panama 舞""heartbeat 舞""搓澡舞""seve 舞步""BOOM 舞""98K 舞"及"劳尬舞"等，如图 6-13 所示。

舞蹈类玩法需要用户具有一定的舞蹈基础，同时比较讲究舞蹈的力量感，这些都是需要经过专业训练的。

图 6-13　舞蹈类内容玩法

6.2.4
科普类

抖音的主流内容玩法依然是音乐、创意和各种搞笑类视频，但是也出现了很多正能量视频和科普类教育类的作品，如育儿知识、养生课堂，以及健身科普等领域的内容也越来越多。

例如，"健身微课堂"经常会发布一些健身技巧，同时对这些动作的作用进行分析和讲解，让大家了解更多的健身知识，如图 6-14 所示。

图 6-14　"健身微课堂"的短视频内容

6.2.5 情感类

抖音上的情感类短视频玩法，主要是将情感文字录制成语音，然后配合相关的视频背景，来渲染情感氛围，如图 6-15 所示。更专业的玩法可以拍一些情感类的剧情故事，这样会更具有感染力。另外，情感类短视频的声音处理非常重要，用户可以找专业的录音公司帮你转录，从而让观众深入情境之中，产生极强的共鸣感。

图 6-15　情感类短视频内容示例

6.3 吸引用户的短视频原创技巧

2017 年是自媒体短视频的元年，2018 年是短视频的"爆发年"，如今这个风口依然存在。不过，如果你只是一个简单的"视频搬运工"，则难以长久，原创视频才是现在和未来的生存之道。本节将介绍如何制作吸引粉丝的原创短视频技巧，帮助用户获得平台的高推荐流量。

6.3.1 快速收集素材的方法

对于抖音运营来说，自己会拍摄当然是最好的，但如果你既没有设备和技巧，也有足够的时间和资金，那么选择二次加工视频也是一种不错的方式。首先我们要确定一个视频主题，其次可以通过互联网去寻找与主题相关的视频素材。

如果是用的别人的素材的话，一般是有水印的。用户可以去易撰下载素材，其中有很多没有水印的素材。易撰的视频库采集了众多热门平台短视频资源，领域齐全，用户可以通过多种方式自定义搜索视频素材，能让你在最短时间内找到自己所需素材；还可以直接下载，一键点击即可获取视频资源，如图 6-16 所示。

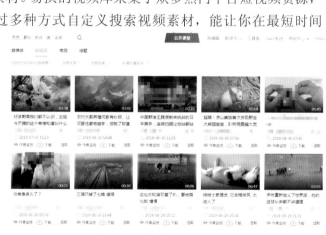

图 6-16　易撰视频库

6.3.2
在抖音平台寻找热点

抖音平台上的短视频内容丰富多彩，但是抖音上男女用户对内容的偏好是有很大差异的：男性比女性更偏好颜值类内容；女性则对于美食和"萌娃"的喜好远高于男性。对于宠物类内容，男女用户的偏好相对近似，抖音上宠物元素的受欢迎程度比快手更高一些。当然，这么多形式的内容分类，创作者不可能每个都去接触尝试，一定要从自己的特长出发。不管是哪种形式的内容，最好还是自己去拍摄体验，找到用户的"嗨点"，以及找到最适合自己的风格。

如果作为一个新手，实在不知道自己应该创作什么内容，也可以参考抖音的热门话题模板库或者抖音视频热搜榜。

1. 热门话题模板库

抖音会经常保持更新模板库，提供很多有意思的音乐和拍摄示例。另外，模板库中还会有一些拍视频的话题和方向，用户可以去模仿拍摄那些有趣的视频，这样就不会不知道自己要拍什么。在"发现"页面能看到很多话题的分类，分类下有许多与用户创作话题相关的视频，如图6-17所示。

图6-17　"发现"页面中的热门话题

这也是抖音照顾和鼓励新用户，让大家都能大胆地参与挑战话题来展现自我。所以说，当我们不知道要拍什么的时候，就可以去挑战话题试试。

2. 抖音视频热搜榜

另外，以往用户想要在抖音上获取到最新最热的视频信息，只有通过刷首页推荐流，才能从海量视频中找到热度最高的那几条。有些时候，因为抖音本身自带的个性化推荐机制，还会与一些优秀的视频"失之交臂"。

但如今，用户再也不用再担心这些问题了。抖音推出了"抖音视频热搜榜"新功能，用户想知道目前平台上有哪些视频最火爆，只需要随时查看榜单即可，如图 6-18 所示。

与关键词热搜榜和音乐热搜榜"每小时刷新数据"的频率不同，视频热搜榜的刷新频率更快些，大概是每 10 分钟刷新一次。点击任意一个热搜榜上的视频，上下滑动屏幕，即可按照排名顺序挨个播放上榜视频，与刷首页推荐流的操作步骤一样，如图 6-19 所示。

图 6-18　抖音视频热搜榜　　　　图 6-19　热搜榜上的视频

6.3.3
制作潮酷的文字视频

抖音、快手等短视频平台出现一种文字视频的内容形式，也就是"边说话边出文字"的视频，看上去特别潮流和炫酷。观看这些文字视频，可以看到文字在屏幕出现，然后从整行文字竖着或者横着调转、消失；新的文字又以同样的方式出现，大部分文字跳出的同时，还有文字的声音，也有一部分配有背景音乐，如图 6-20 所示。

图 6-20　文字视频示例

下面介绍制作文字视频的工具和方法技巧。

（1）制作文字视频需要的工具。手机可以使用"动话机"App，计算机端可以使用 AE（Adobe After Effects）或者 Flash，这是做图片和视频经常用到的软件。"动话机"App 可以自动识别语音中的文字，并生成一段有意思的小视频。

（2）制作抖音文字视频的技巧。使用 AE 等电脑端软件时，可以把制作窗口的宽度调整为 1080px，把高度调整为 1920px，这样宽高比例为 9 ∶ 16，视频为竖屏，正好是手机的全屏幕，抖音、快手等平台视频大部分是竖屏。

（3）制作抖音文字视频的方法。提前准备需要的文字，每句话做一段，有多少句话，就排列成多少个段落。在电脑端做文字视频的时候，直接把准备好的文字拖进去。同时，提前准备好声音。如果是改编别人的视频，例如马云讲话的视频或者音频，先找这个文件，然后下载它的原音，保存成 MP3格式。做文字视频的时候，直接把原音拖进去。当然，也可以不用读出文字，添加背景音乐也可以。

6.3.4
把老梗玩出新的创意

人们都喜欢创意有趣的内容，也是为了满足自己好奇心的需求。抖音上有不少爆款短视频，如火爆的海底捞新吃法、卫龙辣条的西餐吃法等，还有各种美食吃法、玩具新玩法等，都属于创意 DIY 类内容，其实都是从已有的东西上玩出新的花样。比如海底捞，肯定不是某个人某天为了拍抖音才这样吃，像"海鲜火锅粥"的吃法早已有之，只不过现在又加入新的吃法。

创意就是把已有的元素进行新的组合。再如，抖音上特别火的"万物生吹头发"的合拍挑战话题，引起很多人的参与。其实把它分解就是"万物生""歌曲接龙"与"合拍"等元素的重新组合，大家一起参与，贡献出创意后玩出了新的效果。

要把"老梗"玩出新的创意，重点在于产生创意。首先就是收集资料，资料的收集是创意之源，根据创意目标不同，收集资料的种类也不尽相同。因此，用户必须先找到切入点再行动，并进行联想，能够发现不同领域、不同事物之间的关联。试着提出自己的创意，这一步需要找出既有元素的各种组合方式，对已有的创意进行多种角度的审视和组合，提出新主张。

那么，日常生活中有哪些隐藏的创意点可以作为我们创作的源泉呢？

首先要有日常创意的积累，多拍多试，把优秀的创意与自己的视频定位相结合，深度挖掘符合账号定位的创意。如星座类账号，可以创意演绎"十二星座"的性格特征，有一个爆款视频讲的就是："水瓶座遇到危险，家里来了小偷。水瓶座给警察局打电话，用了定外卖的一系列说法机智报警。"这个视频有几百万的点赞，其实这个创意是来自之前很火的一则"911 报警电话录音"新闻，然后把这个点和"水瓶座"的性格特点结合起来了。

爆款短视频的创意除了日常的积累之外，更要学会观察生活，找出生活中的创意点，再进行思维发散与创作。比如，某个短视频采用"视频＋音乐"相结合的方式，由馅到整体地拍摄了一块"红糖烧饼"的制作方法。烧饼馅与岩浆的外观极其相似，配合《悟空传》经典台词与配乐，造成了一种"火山内大场面"的错觉，吸引用户好奇心。最后拍摄整个烧饼，反差极大，"笑点"强烈，同时视频的火爆也带火了这一款"红糖烧饼"产品。

再如，一个火柴的短视频采用了拟人与移情的手法，用两个燃烧的火柴，配合巧妙的音乐与文案，成功唤起观众的共鸣。火柴燃烧时翘起来的正常现象配合《梁祝》背景乐，便有了恋人之间起舞的联想，随着火柴的熄灭，又使人联想到爱情中的付出。两性恋爱问题本身自带超强话题度，引发大量共鸣，评论里用户留言发表自己的看法、转发视频。这种类型的创意需要用户认真观察生活，模仿起来并不困难。

6.3.5
利用冲突制造戏剧性

冲突是公认的故事玩法，在戏剧故事的创作中，编剧都要努力设置冲突，因为一个剧本是否精彩往往取决于其中冲突是否足够剧烈。没有冲突，故事将会平平无奇。

同样，我们做抖音短视频内容要刻意制造和利用冲突。人性的一面是喜欢围观冲突的，有冲突就有话题，有话题就有围观，很多人都喜欢凑热闹发表点评论，这是人性的真理。

在抖音剧情的创作中，冲突分好几种类型，下面笔者给大家介绍几种常见的类型，我们在内容设置冲突时可以套用。

（1）角色型冲突：比如儿媳妇和婆婆、丈母娘和女婿是两种常见的角色型冲突，角色的对抗往往容易能造成极强的戏剧性效果，这也是抖音段子常用的一种。

（2）规则性冲突：规则就是像一个默契，比如说男生就该让着女生，反推出来，比如说女生就该让着男生，就特别容易引发争议和"站队"。

（3）行为效果冲突：抖音上很多反差、反转效果的视频都是此类，比如视频内容里一直是一个精分的女人各种恶搞和吐槽一些现象，最后突然反转一本正经地讲了一个深刻的道理，极强的对比带来强烈喜剧效果。

了解了这些冲突类型和能达到的效果，我们就可以在创作时利用这些冲突制造反差和反转效果。但是注意一定要结合内容，合理恰当地使用，不然使用的太刻意，容易造成效果生硬，就会适得其反。

6.3.6
满足好奇心和自我实现需求

人是天生具有好奇心的动物，大部分人会对没见过的、没听过的新鲜事物产生兴趣，各种奇闻逸事、趣事从来都是高播放量内容的重要组成。

另外，在抖音上还有一些"炫酷""炫技"的视频，总能引起高播放量，这些技巧都是属于"别人会的我不会"系列。"马斯洛需求层次"理论把人类需求从低到高按层次分为五种，分别是生理需求、安全需求、社交需求、尊重需求和自我实现需求。自我实现需求满足后，还有自我超越需求，人们会模仿对自己不会的东西，一些运镜、空间转场、瞬间换装、瞬移、借位、利用错觉、倒放、分身等技巧，学会了自己也能拍出炫酷的大片，也是对自我实现和自我超越需求的满足。

6.3.7
利用情感需求抓住用户的心

如今，抖音上出现很多心灵鸡汤类的视频，都有很高的播放量。确实，人们在情绪低落的时候需要一些正能量的东西来获得安慰，走出困境。说是心灵鸡汤也好，说是正能量也好，它就是这么受欢迎。

比如，拥有3 253万粉丝的抖音号"一禅小和尚"，其主人公"一禅"是一个6岁的小男孩儿，聪明可爱，调皮机灵，充满好奇心，喜欢问师父问题，每次师父都会讲出一些道理，帮助一禅成长。

师徒间的话题涉及了世间缘分、人的执念、人生选择等，特别容易让人泛起内心共鸣，又得到一些慰藉。大家可以看看，"一禅小和尚"的每条视频点赞量都很高，评论区都是用户已经泛滥的情感心声。

当然，"鸡汤虽好，不可多饮"，但是对于创作者来说，走这种心灵鸡汤风是一种新的思路。当满屏都是娱乐搞笑、高颜值、炫酷特技时，去挖掘人们更深层次的情感需求，才能真正走近人心。比如，亲情、友情和爱情，这些都是人类永恒的话题，是不随时间变化而变化的，这是这类视频给我们的创作启示。

热门：任何人都能学会的上热门技巧

  相较于快手用户喜欢关注博主和搜索同城，抖音用户则更爱刷推荐页，在刷到有趣的视频之后点击关注。他们会关注很多人，但不会专门去看这些博主的新视频。

  所以，我们的视频只有上热门被推荐，才能被更多人看到。本章主要介绍视频在抖音平台上被推荐上热门的一些实用技巧，包括上热门的前提要求、视频类型、爆款内容和热门技巧等。

上抖音热门的5大前提要求

某次，笔者写了一篇关于抖音视频快速涨粉方法的文章，底下留言的人很多，有说详细的，有说条理清晰的，还有说内容不错的，但是也有一些反驳的声音。其中，印象比较深刻的是，有一个人说："只有自拍才会上热门，平台不允许其他形式的抖音视频上传。"结果，他的评论下面一片嘘声，有人说他是"抖音菜鸟"，并回复道："如果不让上传，那些播放量几万、几十万的视频哪来的？"

其实，笔者看了评论之后，没有生气，而是在反思，还有多少人不知道抖音能拍的视频类型呢？笔者想应该有很多，抖音只是搭建了一个平台，但是怎么玩，还得靠用户自己摸索。因此，本章将抖音目前播放量最火的视频做个总结，给大家参考和提供方向，让大家在玩抖音的时候少走弯路。

首先对于上热门，抖音官方给出了一些基本要求，这是大家必须知道的基本原则，本节将介绍具体的内容。

7.1.1 个人原创内容

抖音上热门的第一个要求就是：视频必须为个人原创。很多人开始做抖音原创之后，不知道拍摄什么内容，其实这个内容的选择没那么难，可以从以下几方面入手。

- 可以记录你生活中的趣事。
- 可以学习热门的舞蹈、手势舞等。
- 配表情系列，利用丰富的表情和肢体语言。
- 旅行记录，将你所看到的美景通过视频展现出来。

另外，我们也可以换位思考下，如果我是粉丝，希望看什么内容？即使不换位思考，也可以回顾一下，我们在看抖音的时候爱看什么内容的？搞笑的肯定是爱看的，如果一个人拍的内容特别有意思，用户绝对会点赞和转发。还有情感的、励志的、"鸡汤"的等，如果内容能够引起用户的共鸣，那用户也会愿意关注。

上面的这些内容属于广泛关注的，还有细分的。例如，某个用户正好需要买车，那么关于鉴别车辆好坏的视频就成为他关注的内容了。再如，某人比较胖，想减肥，那么减肥类的他也会特别关注。所以，这就是我们关注的内容，同样也是创作者应该把握的原创方向。看自己选择什么领域，那么就做这个领域人群关注的内容。

7.1.2 视频完整度

在创作短视频时，虽然只有15秒，也一定要保证视频时长和内容完整度，视频短于7s是很难被推荐的。保证视频时长才能保证视频的基本可看性，内容演绎得完整才有机会上推荐。如果你的内容卡在一半就结束了，用户看到是会难受的。

7.1.3 没有产品水印

抖音中的热门视频不能带有其他App水印，而且使用不属于抖音的贴纸和特效，这样的视频可以发布，但不会被平台推荐。

7.1.4 高质量的内容

即使是抖音这样追求颜值和拍摄质量的平台，内容也永远是最重要的，因为只有吸引人的内容，才能让人有观看、点赞和评论的欲望。

想要上热门，肯定是要有好的作品质量，视频清晰度要高。抖音视频吸引粉丝是个漫长的过程，所以用户要循序渐进地出一些高质量的视频，学会维持和粉丝的亲密度。多学习一些比较火的视频拍摄手法及选材，相信通过个人的努力，你也能拍摄出火爆的抖音视频。

7.1.5
积极参与活动

对于平台推出的活动一定要积极参与，参与那些刚刚推出的活动后，只要你的作品质量过得去，都会获得不错的推荐，运气好就能上热门。抖音App内已经引入了"抖音小助手"，用来引导教学。所以，用户在发布视频时，也可以积极@抖音小助手，来增加被推荐的机会。

容易上热门推荐的短视频类型

经常玩抖音的用户可能会发现，现在美女、健身、育儿或者化妆类的账号粉丝比较多。到底什么内容是抖音平台所喜欢的呢？笔者遍览抖音，发现了里面播放量大的 7 大短视频类型，比较有代表性，本节将具体介绍。

7.2.1 才艺展示类

才艺可不仅仅是唱歌跳舞，只要是自己会的，但很多人不会的技能，都可以叫作才艺，如美妆、乐器演奏、相声、脱口秀、口技、书法、绘画、驯兽、手工、射击、杂技、魔术，以及即兴表演等，如图 7-1 所示。秀出自己的独特才艺，秀出与众不同的想法，都是快速上热门推荐的方法。

图 7-1　才艺展示类的短视频示例

7.2.2 人生导师类

人生导师类的短视频内容一般都具有一定的前瞻性，可以督促、引导用户，或者帮助用户规划一个完美的学习或职业生涯，使用户能在相应的人生阶段少走弯路，加速取得相应成就。人生导师类的热门抖音号也比较多，如"一禅小和尚"、杜子健、涂磊等，都是类似的角色。

例如，以言辞犀利著称的涂磊，在抖音上目前发布的作品中，也以"婚姻中的女人"为讨论点，将自己当作情感导师，为女性用户发声站场。

7.2.3 育儿知识类

育儿知识包括母婴健康、呵护儿童方面的知识和育婴常识，从宝宝及母亲双方的角度关注育儿生活的方方面面。抖音上知识技巧类视频由于时间短、内容全部为知识干货、讲解清晰明了等特点，因此一直能引起大量的转发与收藏。知识技巧类视频也有许多新领域值得抖音拍摄者去开发。下面介绍几个热门的育儿知识类抖音号。

1. 人生要有反弹力

"人生要有反弹力"的音频来自李玫瑾教授网络公开课，号主用抖音上很火的字幕式分享方式，向用户传输育儿理念，如图7-2所示。

2. 陈露妈妈

"陈露妈妈"是一个采用"图片＋文字"模式的育儿类知识分享抖音号，号主通过整理大量的网上育儿知识，概括成要点，以文字形式输出给用户，教他们如何教育小孩，如图7-3所示。

3. 桐乐嘛♡育儿小经验

另一个抖音号"桐乐嘛♡育儿小经验"是关于儿童安全知识的，定位于一个新的知识领域——0～3岁儿童玩具测评。账号内容定位独特，视频内容为检测0～3岁儿童用的"网红"玩具是否符合安全标准、是否有伤害儿童的隐患，该类型视频在抖音为稀有领域，垂直度高，并符合家长们关心孩子身心健康的需求，极其精准地打动了用户的需求点。例如，"桐乐嘛♡育儿小经验"发布的某个短视频，其内容是检测一款宝宝用的"网红淘宝沙锤"，用合理的检测手段和检测工具进行质量检测，得出了不合格的结论，并结合字幕详细说明了沙锤的不合格点及儿童玩具的安全隐患，起到了很好的警示作用。

图 7-2　"人生要有反弹力"抖音号内容　　图 7-3　"陈露妈妈"抖音号内容

7.2.4 技能教学类

　　输出教学视频类内容可以激起用户的点赞欲望，引起用户的分享转发。比如，美食制作类的"自制夏日桃子冰饮"，具有步骤易模仿、季节归属性强、颜值高、有食欲等特点，有相关喜好的用户就会将这条视频收藏下来，为点赞数添砖加瓦。另外，生活中养宠物的人越来越多，与宠物接触的安全问题也得到更多重视，实用性强的御宠教学类视频也受到很多用户的喜爱，如图7-4所示。"解析高颜值是如何形成的"这类化妆教学视频，容易吸引女性用户，同时引起男性用户的好奇，如图7-5所示。"偶遇食堂"专门在抖音上分析如何做美味的菜肴，这类美食教学类视频受到抖音用户的普遍欢迎，如图7-6所示；"跟着杨老师学画画"专门分享零基础绘画教学，对画画感兴趣的用户也能找到手把手教你的指导视频，如图7-7所示。

图 7-4　御宠教学类视频示例

图 7-5　化妆教学视频示例

图 7-6　美食教学类视频示例

图 7-7　绘画教学视频示例

7.2.5 生活指南类

　　生活指南类视频与技能教学比较类似，但系统性没有那么强，更多的是介绍生活中的一些小常识，以及与人们的衣食住行等息息相关的问题。

1. 恍然大明白

绿豆汤为什么是红色的？下雨天为什么总起不来床？"恍然大明白"抖音号为用户解答生活中常见的种种小疑问，通过幽默逗趣的剧情和讲解方式方便用户理解，如图7-8所示。

2. 泉哥说房产

"泉哥说房产"抖音号解答跟房产有关的相关问题，具体问题还可以私信号主进行答疑解惑，如图7-9所示。

图7-8　生活小疑问类视频示例　　图7-9　房产视频示例

3. 铲屎官阿程

养宠物的人越来越多，但他们遭遇宠物生病或其他情况时却不知道如何应付。"铲屎官阿程"抖音号就是专门负责给大家讲解与宠物生活有关的小知识，风趣幽默的画风令他获得了很多粉丝的支持，如图7-10所示。

4. 魔力美食

美食的诱惑非常大，不只女生喜欢，全国人民都喜欢，要不《舌尖上的中国》也不会出了一季又一季。"魔力美食"就是一个专门分享各种美食做法和吃法的抖音号，如图7-11所示。

图 7-10 宠物生活类视频示例　　　图 7-11 美食分享视频示例

 7.2.6
自我提升类

　　社会在不断地进步，竞争力也在不断地增强，如果想要跟上时代发展的步伐，就需要不断地提升自我。那么，该怎么进行自我的提升呢？抖音上就有很多做自我提升类视频内容的达人。例如，"阔气米老板"以生动的剧情演绎，讲述职场中的注意事项和各种情况下的解决方法，适用于需要在职场中自我提升的抖音用户，如图 7-12 所示。再如，"学点心理学"是一个有关心理学内容分享的账号，号主通过"文字＋图片"的幻灯片模式，清晰地为用户传输心理学相关的知识，如图 7-13 所示。

图 7-12 职场提升类视频示例　　　图 7-13 心理学类视频示例

从这些与自我提升知识分享有关的抖音号中，我们能学到哪些运营账号的技巧？

（1）打造一枚"社交币"。没有"社交币"，任何视频的效果都会大打折扣。比如，火速蹿红的杜子健，他准确定位自己的目标受众，为女性用户打造了一枚"社交币"，代替她们讲出平日里想说却不敢说的话，激发女性用户的转发和点赞，主动将视频发给老公或者男朋友看。这些抖音"网红"爆红的背后，是"定位受众→定制内容→设计转发动机→提炼选题"的底层逻辑。

（2）贴上实用标签。粉丝选择关注一个知识分享类账号，主要原因是觉得"这个账号对自己有用"。比如，"拍照自修室"持续更新手机修图的方法，给自己贴上实用的标签，热衷于自拍的用户会将其作为一个工具进行收藏，从而达到快速吸粉的目的。

（3）形成IP特色。个人特色的形成可以从讲解画风、剧情设置、图文展示形式等诸多方面实现，给自己打造IP。比如，"铲屎官阿程"讲解的与宠物相关的小知识，或许很多人都知道，但是他不仅有着专业的知识背景，还通过动作、模仿及情景再现等方式，让枯燥的养宠要点"活"起来，更加容易理解。

7.2.7 美景分享类

抖音不仅产生了很多"网红"，同时还带红了很多城市和景区，如"摔碗酒"带火了西安，洪崖洞带火了重庆，越来越多的城市在抖音上成为"网红"。当然，这种美景分享类视频内容也随之火爆起来，如图7-14所示。

王力宏的新歌《南京，南京》凭借富有情怀的歌词和歌曲旋律，在抖音上掀起一股浪潮，新歌发布的一段时间内，抖音推荐流中几乎每天都能刷到以这首歌作为BGM的视频，如图7-15所示。另一首捧红城市的MIX版歌曲，"《It G Ma》韩文歌+《Gucci Gucci Prada Prada》（IDope Bootleg）"，也因其发音酷似中文对话："去广西，一起嘛？""不去不去，怕了怕了"，在抖音上被网友作为"热梗"开玩，让广西这个地区的知名度通过抖音大大提升，如图7-16所示。

再如，抖音上一条叫作#跟着抖音逛正定#的挑战赛，就吸引了超过7万余网友参加，或许你对这座城市的名字有些陌生，但说起正定的一些景点，如87版《红楼梦》拍摄基地荣国府、赵子龙故里常山赵云庙、"京外第一古刹"隆兴寺等，可能用户更有印象。抖音将这些正定热门的景点集中在一场挑战赛中展示，吸引网友前来参与挑战，晒出正定的美食和文化，直接扩大了正定在年轻人中的影响力，如图 7-17 所示。

图 7-14　"摔碗酒"带火了西安　图 7-15　用《南京，南京》作为 BGM 的视频

图 7-16　关于广西的抖音视频示例　图 7-17　#跟着抖音逛正定#的话题视频示例

　　　　　需要注意的是，在拍摄这种外景视频时，讲究光线好、风景棒，加上好内容，或者拉上朋友们一起拍，这种户外多人视频会更加精彩。

打造爆款短视频内容的 7字真言

万维钢在他的代表作品《万万没想到：用理工科思维理解世界》里说过这样一句话："对脑力工作者来说，水平高低在于掌握的套路有多少。"

对于一个自媒体人、营销人来说，永远要记得去研究、分析、总结那些成功的爆款内容背后的道理和方法论，而不是将其视为偶然、视为幸运，或者某一品牌、某一个人的专利。不去思考，不去总结，一味只是看别人的成功、听别人的分享，即使经验再丰富也只能泯然众人。

关于爆款内容打造，我只有7个字要讲，那就是"美、燃、萌、暖、牛、搞、干"，这是打造抖音爆款内容的7字真言。

7.3.1
美：爱美之心，人皆有之

在抖音平台上，美是第一生产力，爱美之心，人皆有之，"颜值"就是抖音最好的营销利器。抖音的主要用户以24岁以下的年轻女性为主，这些小女生喜欢长得好看的"小哥哥和小姐姐"。

抖音上最火的一类视频就是那些长得漂亮的帅哥、美女唱唱跳跳的视频，如图7-18所示。你会发现视频上那些帅哥、美女，无论拍什么都有一堆人看。

当然，不仅仅是美女和帅哥，只要是美的东西，只要是看起来很美的东西，都可以拍摄下来，比如美食、美景，你爱看的，其他人也愿意看。

图 7-18　高颜值的美女很容易获得用户关注

7.3.2
燃：点燃用户内心的事件

"燃"是指点燃用户内心的事件内容，具体来说有以下两类。

- 一是看高高在上的明星跌落神坛，比如各种明星八卦、名人丑闻的盛行。
- 二是看底层的小人物逆袭成为强者，成为芸芸众生崇拜的偶像。

例如，2018 年 6 月 16 日晚，第一次进世界杯的冰岛队逼平夺冠热门阿根廷，第二天冰岛就被"刷屏"了，同时诞生了 2 498 篇文章，其中包括 46 篇 10W+ 的爆文。其实，早在 2017 年 10 月，冰岛晋级世界杯决赛圈时就刷过一次屏了，内容如出一辙，甚至还有人调侃这么一个段子，如图 7-19 所示。这个段子在世界杯期间广为流传，人们为什么喜欢它？因为这是一个"大卫击败歌利亚"的故事，一个"丑小鸭成为白天鹅"的故事。

某种程度上，这个故事激起了我们奋发努力的雄心，至少让我们在乏善可陈的生活中看到了一丝希望。

冰岛全国人口334319人去掉人口占一半的女人170503人　　　　只看楼主　收藏　□回复

冰岛全国人口334319人
去掉人口占一半的女人170503人
减掉18岁以下男人40122人
减去35岁以上男人85670人
太胖太瘦的24775人
捕鲸来不了的788人
监视火山走不开的321人
剪羊毛的2856人
缺胳膊少腿的189人
失明的288人
现场看球的球迷8780人
队医厨师按摩师3人，教练1人。
我的天！就剩23人了！
居然还小组赛第一出线，
进世界杯了！！

图 7-19　网上关于调侃冰岛晋级世界杯决赛圈的段子

7.3.3
萌：吸引人的视觉注意力

广告里有一个 3B 法则：Beauty 美女、Beast 野兽、Baby 婴儿，这三者最能吸引人的视觉注意力，并且最易唤起人们强烈的情绪反应。当然，Beast 野兽要区分一下，一类是凶猛有攻击性的野兽；另一类则是可爱的小动物，比如猫、狗、兔等。在抖音上面，可爱的"萝莉"、小动物和婴儿的视频，也是非常火的一大类。

为什么这些内容会火呢？因为"萌"。

最初，"萌"仅用来形容动漫中那些单纯可爱、犹如萌芽般的小萝莉，以表达对二次元美少女角色的类似恋爱的喜爱之情。后来"萌"从虚拟走向现实，又被用来形容真人、小动物和物品等，如图 7-20 所示。"萌"系角色的性格特征，核心是一个"娇"字，关键词包括娇气、撒娇、傲娇、娇蛮、温柔、害羞、治愈、天然呆等。也就是说，它唤起的是人们一种怜爱和保护之情，一种强者对弱者的感情。

除了"小萝莉"外，还有"萌娃"自带闪亮光环，不管是年轻人还是老人，可爱的小宝宝都能吸引他们的目光。另外，一些可爱的人偶、布娃娃和装饰物等也可以作为"萌"系的内容，会更容易吸引大家的关注。如"传单熊"和"熊本熊"，就曾在抖音上引起浪潮，同时引发了大批用户模仿拍摄，如图 7-21 所示。

比较可爱的萌宠有小猫咪、小狗和小猴子等，因为宠物本身就可爱至极，有很多人都愿意养宠物，小萌宠看起来就能让人心生怜爱。如果你也有可爱的小狗或小猫等宠物，不妨拍摄它们生活中可爱好玩的视频。在拍摄时要挖掘宠物搞笑的点，找到可以让人耳目一新的场景。相信萌宠们憨态可掬的样子，肯定会让网友喜欢并忍不住点赞分享。

图 7-20 "萌萌哒的小萝莉"视频内容在抖音上非常受欢迎

图 7-21 "传单熊"和"熊本熊"

自从抖音转型"记录美好生活"后，便与宠物猫就有着"难解难分"的缘分。并诞生了一大批萌萌的可爱"网红猫"，如"会说话的刘二豆""开挂的猫二歪""吾皇万睡""东门魏官人""安生的爸爸""papi 家的大小咪""粽子他爹哦~""拎壶冲""蛋不安静"及"城乡结合部狗蛋"等，这些"网红猫"的粉丝都在百万以上。这属于颠覆认知型的一种手法，宠物具有了跟人一样的生活习惯和认知。

例如，"开挂的猫二歪"粉丝数达到了 923 万，内容以猫咪"小歪"的视角记录它生活中遇到的趣事，视频中经常出现抖音上的"热梗"，配以"戏精"主人的表演，给人以轻松愉悦之感，如图 7-22 所示。

图 7-22　"开挂的猫二歪"抖音号

想要成为一名出色的猫咪萌宠类播主，用户可以学习他们的如下特点。

（1）将猫咪拟人化。拟人化的猫咪，在内容创作上有很大的联想空间，猫咪本身的萌属性也会为各种剧情设计增色。同时，给拟人化的猫咪撰写搞笑生动的对白会增加视频的趣味性。

（2）让猫咪拥有"一技之长"。让猫咪拥有一项特长，比如"东门魏官人"家的猫咪，最初就是在主人的引领下跳"海草舞"，成为抖音上实至名归的"喵界舞王"，让猫咪跳舞成为 IP 特色。

（3）猫咪特色不够，主人来凑。如果你有高颜值或者迷人的好声音，同样可以在猫咪萌系属性的加持下获得人气，"安生的爸爸""粽子他爹哦~"及"拎壶冲"都是很好的例子。

（4）给猫咪加戏。比较有代表性的播主就是"蛋不安静"了，拥有前后反差的萌猫咪戏剧性十足，能够形成期待感，吸引大家关注。

7.3.4
暖：让观众产生爱和信任

"暖"是指生活里的小确幸，是那些让人产生归属感、安全感，产生爱和信任的事物，以及能够与内心建立联结的事情。最能体现"暖"的，就是情，如亲情、爱情、友情、乡情、人与人之间的关怀与同情。

例如，招商银行发布的一个《世界再大，大不过一盘番茄炒蛋》视频，就曾被用户"刷屏"，这个视频讲的就是一个关于亲情的故事，如图7-23所示。故事大体内容为一位留学海外的年轻人，因为朋友聚会时每人要做一道菜。他不会做番茄炒蛋，很焦急的情况下就通过手机求助远隔重洋的老妈。然后老妈在家里现做了一盘番茄炒蛋，一边做一边讲解，让老爸拍成视频发给儿子。

图 7-23　《世界再大，大不过一盘番茄炒蛋》示例

儿子做的番茄炒蛋很成功，但直到他和朋友们在一起聊到时差，他才突然意识到由于时差的关系，老爸老妈是凌晨三点起床，到厨房给他越洋现做了一盘番茄炒蛋。就是这一盘番茄炒蛋，微信指数当天暴涨68倍，达到2 445万，远超王者荣耀。

对于"刷屏"这件事来说，刷屏的本质是网民们情绪的狂欢。传递什么信息不重要，事实不重要，重点是你在表达什么样的情绪，让观众产生强烈的共鸣。而在所有情绪里面，让人心生温暖的正面情绪最能触动人心，让人产生长久的感动。

7.3.5
牛：专注并将其做到极致

雷军有一个打造互联网产品的"七字诀"：专注、极致、口碑、快。"牛"

这个字的意思也和"七字诀"差不多，在打造抖音内容时，你可以专注于一件事，然后把这件事做到极致，极致就能带来口碑，口碑在如今这个互联网时代就能带来快速扩散，形成广泛影响力。"牛"表现在抖音和电视综艺节目上就是各种绝活，如图7-24所示。当然，这些"牛"的绝活都是用户在工作和生活中，经过长期训练才能做到的，普通用户切不可轻易去模仿。

图7-24　各种"牛"的绝活可以吸引众人关注

有一句俗话"一招鲜，吃遍天"，欧阳修在《卖油翁》中也说了"无他，惟手熟尔"，因此只要你能把一件事做到极致，就会被他人所关注到，并扩散出去。

7.3.6
搞：用各种恶搞创造新意

后现代社会的一条重要精神就是解构，对经典进行模仿、恶搞、解构和重新解读，这也是"搞"字的内在含义。例如，诞生于1995年的电影《大话西游》，就是对经典名著《西游记》的一次解构，将取经故事重新解读为爱情。如今，《大话西游》已经成为互联网史上最初的内容爆款，不仅网友都在看、都在讨论，就连学术界也写了很多的论文来解读它，甚至连主角"至尊宝和紫霞"也成为了经典的内容IP。同时，抖音和快手等短视频平台上，各种恶搞、模仿经典类的视频也非常活跃，如图7-25所示。

所以，用户要想做出爆款的内容，也可以想想去恶搞一些经典的内容，运用逆向思维，来制造一些反差，创造一些新意。例如，"搞笑日常"是一个专门做搞笑段子的抖音号，内容以文字"动画＋配音"的形式为主，吸引了近 200 万粉丝关注，如图 7-26 所示。其实，这种搞笑段子的表现形式不只是一个人的脱口秀，还有家庭式演绎的、朋友间演绎的、街头演绎的，只要是段子形式都可以去演绎。

抖音/快手用户更喜欢看的短视频类型

	抖音	快手
搞笑/恶搞类	82.3%	
技能展示类	56.0%	
日常生活类	54.1%	
教程类	43.3%	
歌舞表演类	35.7%	
颜值类	31.7%	
风景类	23.2%	18.4%
游戏类	18.7%	21.5%

图 7-25 搞笑 / 恶搞类的视频在抖音和快手等短视频平台上非常火爆

图 7-26 "搞笑日常"抖音号

7.3.7
干：可以落地执行的干货

"干"是指干货类的视频，无论是在抖音上，还是在西瓜视频上，或者在其他的视频平台上，这种类型的视频都有很好的播放量。因为是干货，所以大家都想学习，比如化妆技巧、美容技巧、减肥技巧等主题都可以。

干货跟一般知识帖的区别在哪里呢？

- 首先，干货有明确的目标，它为解决什么问题而存在。它不是泛泛地分享知识，而一定是针对某项具体问题给出解决方案。例如，下面这个"一分钟熟睡法"，就是针对经常熬夜的人无法快速入眠而给出的解决方案，如图 7-27 所示。

图 7-27　"一分钟熟睡法"短视频示例

- 其次，干货不能空谈道理，它必须得能落地执行，有切实的行动步骤和方案。例如，下面这个"云南五天自由行"短视频，就给出了 5 天具体的景点行程方案和消费技巧，对旅行的用户来说帮助很大，如图 7-28 所示。

图 7-28　"云南五天自由行"短视频示例

7.4 抖音短视频上热门的6个技巧

从 2017 年下半年到 2018 年上半年，在不到一年的时间里，抖音完成了自己的进化，从最初以运镜、舞蹈为主的短视频内容，到如今的旅行、美食、正能量、萌宠、搞笑，以及创意等多元化的短视频内容。

虽然每天都有成千上万的"豆芽"（指抖音的用户）将自己精心制作的视频上传到抖音平台上，但被标记为精选和上了热门的视频却寥寥无几，到底什么样的视频可以被推荐？本节将介绍如何拍抖音容易上热门的技巧。

7.4.1 打造人格化的IP

抖音其实还是以人为主，无论是使用真人、动画人物、语音人物都是要让用户有真实感和参与感，尽量打造人格化的 IP。不知道大家在刷抖音的时候有没有留意到，通常大家在往下滑的时候，遇到一些游戏或品牌的硬广（如图 7-29 所示），是不是都是直接滑过从来不看完的？

图 7-29　品牌硬广

为什么会这样？这其实跟刷朋友圈不喜欢刷到微商一样，用户在抖音上，也更喜欢看有趣的内容和人，他们不是来看产品或者品牌的广告的。虽然有一些图文类的账号也可以做到一定数量的粉丝，但是他们的点赞率和评论互动数往往比较低，也就意味着，粉丝的黏性相对于真人出镜类账号是比较弱的，如图 7-30 所示。

图 7-30　图文类的账号和真人出镜类账号

7.4.2
挖掘独特的创意

俗话说"台上十分钟，台下十年功"，"仰望星空"的创意和脚踏实地的坚持从不分家，抖音上真正的"技术流大神"从不缺少粉丝的点赞和喜爱。如图 7-31 所示，这个短视频通过倒放《复仇者联盟 3》的最热议情节，再现电影中的原镜头。再例如，"杰克大魔王"发布的短视频都是采用"热门音乐舞蹈+定格动画"的制作形式，这种内容花费了大量的心思和时间进行创作，如图 7-32 所示。

图 7-31　再现电影原镜头　　　图 7-32　"热门音乐舞蹈+定格动画"

　　例如，"安心安心"制作的这个视频，使用口红来作画，如图 7-33 所示。再如，"张艾力"的短视频，在他起跳投篮的动作里，更换了 7 个校园背景，仿佛一瞬间越过了大学四年，这种创意型视频很适合毕业季留念，如图 7-34 所示。

　　例如图 7-35 所示视频，用魔方玩俄罗斯方块，这确实很罕见。再如，"爷爷等一下"发布的一个短视频，3 个年龄加起来超过 200 岁的老爷爷，摇身一变成为了"帅气的总裁"，其中的镜头切换和运镜做得非常好，有一种大片即视感，如图 7-36 所示。

图 7-33　用口红作画　　图 7-34　充满创意　　图 7-35　用魔方玩　　图 7-36　营造大片
　　　　　　　　　　　　　　的转场　　　　　　俄罗斯方块　　　　　　即视感

　　创意类内容包含一些"脑洞"大开的段子、恶搞视频、日常生活中的创意等，出其不意的反转格外吸睛，即使是相似的内容也能找到不同的笑点。

　　用户产生点赞的行为通常有两个出发点，一种是对视频内容的高度认可和喜欢，另一种是害怕以后再也刷不到这条视频，所以要进行收藏。搞笑视频则更偏向于前者，分享门槛低，可以说是最容易激起转发欲望的一种视频类型了。

7.4.3　发现生活的美好

　　生活中处处充满美好，缺少的只是发现的眼睛。用心记录生活，生活也会时时回馈给你惊喜。下面我们来看看那些抖音上的达人是如何拍摄平凡的生活片段，来赢得大量粉丝关注的。

例如，"涵粑粑"在睡觉时用一只小小的手电筒拍出了日出的效果，获得了 60 万点赞，如图 7-37 所示。一只手电筒也可以"造"出日升的场景，你只是缺少一双发现美的眼睛。再如图 7-38 所示，这个视频只是用手机镜头记录下平凡的生活，经过"快放"的特殊处理后，充满浪漫，变得一点都不平凡。

图 7-37　用手电筒拍出日升的场景　　图 7-38　平凡生活画面的特殊处理

又如，图 7-39 所示短视频用一瓶矿泉水也能玩出喷泉的感觉。还如，图 7-40 所示短视频中，镜头慢下来后，飞舞的雪花如同流星般坠落。

图 7-39　矿泉水也能玩出喷泉　　图 7-40　雪花如同流星般坠落

7.4.4
拍摄内容正能量

何为正能量？根据百度百科的解释："正能量"指的是一种健康乐观、积极向上的动力和情感，是社会生活中积极向上的行为。早在2018年的3月19日，抖音召开品牌发布会，同步宣布了"美好生活"计划，将围绕"记录美好生活"这一主题，包括"DOU"计划、"美好挑战"计划、社会责任计划三部分。

据悉，"美好计划"将作为抖音2018年的核心关键词，为用户在抖音营造更多的美好幸福感。抖音产品负责人王晓蔚表示，短视频本身有很强的示范作用，所以抖音希望能在日常的运营外，专门拿出一些流量来引导用户参与、传播关于美好生活的正能量挑战。

在了解完抖音平台对于正能量的定位之后，我们来具体看看视频案例，进一步了解什么才算得上是正能量短视频。

1. 好人好事

好人好事的范畴很大，帮扶弱势群体、在恶劣环境中坚守岗位的部队官兵和公安干警，在山区几十年如一日的人民教师等，传统意义上的好人好事，在抖音平台都可以展现出来。

在抖音平台上，那些弘扬正气、传播正能量的内容是特别容易火的，因为人人都有当英雄的梦，别人帮我们当了，我们肯定会拍手叫好。那些惩治小人、打掉恶势力、还弱者公道的视频，看了就非常解气，很容易引起用户点赞和转发。

拍摄包含正能量的视频，比如给环卫工人送水，看望孤寡老人，关爱弱势群体等，如图7-41所示。这类的正能量视频往往能触及人内心柔弱的部分，引起人们共鸣，吸引人们关注点赞。但是拍摄一定要真实，不要刻意为了博人眼球而拍摄。

图 7-41　正能量短视频示例

2. 文化内容

书法、乐器、武术等内容，一直在抖音上都有很强的号召力，如果你有一技之长，完全可以通过平台短视频的方式展现出来。

3. 拼搏进取的奋斗主题

第三个是大类型，跟拼搏进取的奋斗主题相

关的都可以算进去。抖音在"两会"期间曾发起了"奋斗吧！我的青春"挑战，号召抖音通过短视频展现出自己的青春奋斗故事。3天内，就有超过10万名用户参与了挑战，不少用户通过晒照片、录视频的方式，分享了自己，甚至父辈的奋斗历程。

这里要注意的一点是，"正能量"跟"美好生活"概念的差别。本质上，前者属于后者的范畴，但并不是所有"美好生活"的内容，都能算上"正能量"。比如一只可爱的小猫，算是"美好生活"的范畴，但是不算"正能量"。但如果视频内容是，这只小猫在大雪中等待主人归来，赋予这样的精神内核，那么也算得上是"正能量"视频了。

7.4.5 拍摄反转的剧情

拍摄抖音视频时，出人意料的结局反转，往往能让人眼前一亮。在拍摄时要打破常规惯性思维，使用户在看开头时猜不透结局的动向。当看到最终结果时，便会豁然开朗，忍不住为其点赞。

"路边小郎君"将正能量与反转相结合，带动一系列模仿视频，如给外卖师傅拧瓶盖、干杯等，给用户超出预期的惊喜或期待，如图7-42所示。如果我们仔细研究下很多爆款视频，可以看到开头前3秒的内容基本都是经过精心设计的。比如，在抖音上疯狂吸粉的"七舅姥爷"，在最后5秒内是一定有反转的剧情的。

图 7-42 "路边小郎君"发布的反转类剧情视频

7.4.6
紧抓官方热点话题

很多用户有参加抖音上的挑战赛，"热梗"也玩了不少，视频都是原创，制作还很用心，但为什么就是得不到系统推荐，点赞数也特别少？一条视频想要在抖音上火起来，除"天时、地利、人和"以外，我还总结了两条最重要的"秘籍"：一是要有足够吸引人的全新创意；二是内容的丰富性。要做到这两点，最简单的方法就是紧抓官方热点话题，这里不仅有丰富的内容形式，而且还有大量的新创意玩法。

抖音上每天都会有不同的挑战，用户发视频的时候也可以添加一个挑战话题，优秀视频会被推荐到首页，会让你的视频曝光率更高，也会引来更多相同爱好者的点赞与关注。用户可以通过"抖音小助手"的精选视频，来分析这些获得高推荐量视频的内容特点，学习它们的优点，从而改进自己的缺陷。

03
品牌营销篇

第 8 章

品牌：用短视频快速提升企业知名度

抖音全球日活跃用户达 5 亿（数据截至 2018 年 6 月），这一数据让人看到抖音在国内外市场保持高速增长的潜力。用户在哪儿，流量就在哪儿，随着抖音"蓝 V"企业认证的正式开放，品牌主们意识到其中潜藏巨大流量的同时，也渴望通过运营官方抖音账号来抓住这波红利。

品牌轻松玩转抖音
蓝 V 企业号

如今，品牌营销"台风"——"抖音美好生活"已经在全网登录，涉及吃、穿、住、行等，强势覆盖用户生活的方方面面。"抖音＋各大品牌"的跨界合作，势必在短视频营销领域掀起浪潮。抖音更是重磅推出了"企业认证"功能，这一重大举措无疑为平台的生态赋予了更强大的能量。具体来说，抖音"企业认证"是抖音针对企业诉求提供的"内容＋营销"平台，为企业提供免费的内容分发和商业营销服务。

现如今，在抖音上存在的企业号，很少有头像上不带"V"字样的了。而且通过认证的企业号，还可以在彰显企业身份、获得权威信用背书的同时，打入上亿用户的心智，种下潜在"N 次传播"的种子，赢得短视频营销的未来。

8.1.1
企业号认证的材料和要求

如果说要让孩子不输在起跑线上，需要的是给他一个好的教育平台的话，那么要让品牌营销不输在起跑线上，需要的则是一个好的投放平台。然而放眼望去，微信公众号点击率再创新低，与微信大 KOL（Key Opinion Leader，关键意见领袖）居高不下的投放价格形成了鲜明对比；而微博这个以话题性和互动性著称的媒体平台，现如今"沦为"了明星们闹八卦绯闻的传声筒和刷粉丝业务的"温床"。因此，当越来越多的企业都将目光投向抖音平台的时候，我们也就不会大惊小怪了。

抖音已不仅是普罗大众分享美好生活的舞台，而且已经成为企业主们品尝营销红利的"乐土"。开通企业账号后，将获得官方认证标识，并使用官方身份，通过视频、图片等多种形态完成内容营销闭环。抖音后续还将推出自定义主页头图、链接跳转、视频主页置顶等多款营销及内容创作工具。如图 8-1 所示，为"雅培瞬感"和"稀奇艺术"两个抖音号的企业认证标识。

图 8-1　抖音号的企业认证标识

　　自 2018 年 6 月 1 日起，企业认证将开启平台认证打通，包括今日头条 App、抖音短视频 App、火山小视频三大 App，即一次认证，享受三大平台的认证标识和专属权益。6 月 1 日前已通过今日头条 App、抖音短视频 App 认证的企业主，可通过账号关联的方式将认证信息同步至另一平台。

　　同时，申请企业认证的审核费将上调至 600 元 / 次。企业认证在给企业提供服务的同时，也会进一步规范平台运营并增强企业账号的公信力。为此，抖音引入了第三方专业审核机构，审核账号主体资质的真实性、合法性、有效性。由于企业账号在不同平台的账号信息、认证信息存在不一样的情况，审核机构需要审核的资质内容也因平台数量增加而增加，因而需要进行认证费用的调整。通过此次服务的升级，使各企业在多平台最大限度地释放企业服务，多平台树立品牌形象！

　　企业认证需要准备的材料，如图 8-2 所示。

3份材料开通企业认证

营业执照彩色扫描件　申请公函加盖公章彩色扫描件　对公账户打款截图

注：申请公函可以在今日头条申请页面下载，亦可由头条客服易提供

图 8-2　企业认证需要准备的材料

哪些企业不可以进行认证？

　　（1）营业执照的经营范围如不包括财经、法律，用户申请相关分类的企业账号不予通过。

　　（2）公司资质、账号信息（昵称、头像、简介）涉及医疗健康类、博彩类、互联网金融类、微商，不予通过。

　　（3）公司资质、账号信息（昵称、头像、简介）涉及信托、私募、枪支弹药、管制刀具、增高产品、两性产品，不予通过。

　　（4）营业执照的经营范围涉及以下内容的不予通过：偏方、艾灸、艾方、临床检验、基因检测、血液检查、生殖健康（药物，胶囊，用剂，如私处紧致用品）、整容整形（半永久、脱毛、文身、疤痕修复、烧伤修复）。

　　据统计，截至 2016 年 6 月 6 日，抖音上所有"蓝 V"发布的视频总数超过 75 000 条，粉丝总数超过 4221 万，总播放量超过 65 亿次，越来越多的品牌成功通过了"蓝 V"认证。

8.1.2
企业号昵称的注意事项

由于抖音昵称不允许重名，而且企业认证采取先到先得的原则，这就意味着你喜欢的企业号昵称很可能早已经被其他企业号抢占！一个信息描述准确、有代表性的企业号昵称，能够为企业大大降低认知成本。

在为企业号起昵称时，需要注意如下几个问题。

（1）昵称应为基于公司、品牌名、产品的全称或者无歧义简称，但要谨慎使用简称，如"小米"应为"小米公司"，"keep"应为"keep 健身"，尤其是易混淆类词汇，必须添加后缀（如公司、账号、小助手、官方等）。具体业务部门或分公司不得使用简称，如"美的电饭锅"不得申请"美的"。

（2）不得以个人化昵称认证企业账号，如 ×× 公司董事长、×× 公司 CEO、×× 小编等；或系统默认 / 无意义昵称，如"手机用户123""abcd""23333"。涉及名人引用但无相关授权的无法通过审核。

（3）如体现特定内容，需结合认证信息及其他扩展资料判定。涉及应用类，提供软著（软件著作权证明），如"下厨房 App"需提供软著；涉及网站，提供 ICP 截图；涉及品牌及商标，提供商标注册证，如"雅诗兰黛"需提供商标注册证明。

（4）昵称宽泛的不予通过：拟人化宽泛，如"小神童"；范围宽泛，如"学英语"；地域性宽泛，如"日本旅游"，这些都不予通过。用户品牌名 / 产品名 / 商标名涉及常识性词语时，如"海洋之心"，必须添加后缀，如 ××App、×× 网站、×× 软件、×× 官方账号等，否则无法通过审核。

（5）昵称中不得包含"最""第一"等广告法禁止使用的词语。

8.1.3
企业号认证获得的权益

成功认证"蓝 V"企业号后，将享有权威认证标识、头图品牌展示、昵称搜索置顶、昵称锁定保护、商家 POI 认领、私信自定义回复、DOU+ 内容营销工具、"转化"模块等多项专属权益，能够帮助企业更好地传递业务信息，与用户建立互动。

通过抖音企业号认证，将获得如下权益。

（1）权威认证标识：账号头像右下方会出现蓝"V"标识，并可以显示认证信息，彰显官方权威性。图 8-3 所示为"小米手机"的企业号。

（2）昵称搜索置顶：已认证的昵称在搜索时会位列第一，助潜在粉丝第一时间找到你。如图 8-4 所示，搜索"小米"这个关键词时，结果列表中的第一个就是"小米手机"企业号。

图 8-3 "小米手机"的企业抖音号　　图 8-4 昵称搜索置顶

（3）昵称锁定保护：已认证的企业号昵称具有唯一性，杜绝盗版冒名企业，维护企业形象。

（4）商家 POI 地址认领：企业号可以认领 POI（Point of Interest 的缩写，中文可以翻译为"兴趣点"）地址，认领成功后，在相应地址页将展示企业号及店铺基本信息，支持企业电话呼出，为企业提供信息曝光及流量转化。用户在上传视频时，若给视频进行定位，则在红框位置显示定位的地址名称、距离和多少人来过的基本信息；点击定位后，跳转到"地图打卡功能页面"，在该页面能够显示地址的具体信息和其他用户上传的与该地址相关的所有视频，如图 8-5 所示。

过去，我们在抖音上看到好吃、好玩、好看的地方时，往往需要从评论中寻找其他用户"剧透"的店铺名称和坐标，再到其他地图软件上查找店铺位置信息。

如今，企业可以通过认领 POI，实现用户直通商家。若用户选择的定位地址已被企业认领，所有观看这条抖音视频的受众，只要点击视频页面上的地址定位，就能在地址页看到企业的导航路线图、电话、营业时间、地址、推荐图片内容和推荐文字内容等相关信息，直接点击电话图标就能弹出呼叫提示，直通商家，还能通过设置，为已认证账号主页引流。

店铺有哪些特色？哪些正在进行的活动？装潢是什么样？……企业都可以通过抖音运营，来发布一些能凸显企业特色的视频，提升用户好感度，直接宣传企业形象。随着这条视频的自传播，企业的信息会在视频裂变的过程中广为人知，增加企业的曝光率和展示度，免费在用户人群中对企业进行宣传。

图 8-5　商家 POI 地址认领

（5）头图品牌展示：用户可自定义头图，直观展示企业宣传内容，第一时间吸引眼球。"蓝 V"主页的头部横图，可以由用户自行更换并展示，你可以理解为这是一个企业自己的广告位。

（6）私信自定义回复：企业号可以自定义私信回复，可提高与用户的沟通效率。通过不同的关键字设置，企业可以有目的地对用户进行回复引导，且不用担心回复不及时导致的用户流失，提高企业与粉丝的沟通效率，减轻企业号运营工作量。

（7）"DOU+"功能：可以对视频进行流量赋能，用户可以付费来推广视频，将自己的作品推荐给更精准的人群，提高视频播放量。

（8）"转化"模块：抖音会针对不同的垂直行业，开发"转化"模块，核心目的就是提升转化率。如果你是一个本地餐饮企业，你可以在发布的内容上，附上自己门店的具体地址，可以通过导航软件给门店导流。例如，高级"蓝 V"认证企业号可以直接加入 App 的下载链接。

8.1.4
策划企业短视频的技巧

2018 年是企业短视频元年，越来越多的中小型企业加入到短视频营销这个战场中，谁掌握了正确的方法论，谁就有可能快人一步脱颖而出。那么，对于企业品牌来说，该如何做好一档自己的短视频栏目？下面就介绍策划企业短视频的方法和技巧。

1. 个人短视频与企业短视频的差别

虽然都是短视频，但个人自媒体账号和企业账号是存在很大差别的，主要是目标的差异和内容的差异。

（1）目标的差异。做个人自媒体更多是以获取流量为主，核心目标是提高播放量，比较看重粉丝的数量，注重个人影响力范围。而企业短视频营销目标一般有两种，一种是曝光品牌，将更多关注点放在如何提高产品曝光度上，为品牌进行造势，让受众对品牌产生印象，更注重刷"存在感"；另一种则是以精准获客和转化为目的，比如一些电商企业，以短视频形式来获取精准和忠诚的用户，进而转化为高客单价的客户。

（2）内容的差异。由于目标的不同，企业短视频和个人短视频自然在内容策划上就有了差异。比如，企业短视频应该会更多地思考"如何围绕品牌讲一个故事""如何将产品融入剧情"等的问题。并且，企业短视频的定位和效果达成，不仅是为了确定内容方向，更是为渠道铺设奠定基础，只有内容确定之后，我们才能以此作为依据，确定内容适合的渠道。

2. 策划企业短视频的步骤

既然企业短视频与个人短视频在目标和内容上有这么大差异，那么从营销目的出发，该如何策划一档企业短视频呢？首先要做到对品牌、产品特点，以及用户人群的深刻了解。

（1）产品核心卖点提取：要明确产品定位及卖点。我们可以对比竞品企业的营销方式及产品，广泛调研，做到知己知彼，确定自己的卖点和核心竞争力，便于内容的策划。

（2）核心人群分析：我们要明确自己目标用户的痛点、需求及购买力，这样就知道内容要从哪里出发。比如说，我们的目标群体是学生，那么我们的内容一定是学生用得上的，偏重实用性和趣味性，如学习效率提升的干货视频，形式可以更加活泼、新颖一些。

3. 策划视频需要注意哪些细节？

那么，企业在策划视频过程中，需要注意哪些细节？该从哪些方面着手呢？笔者认为，最重要的就是拍摄剧本的策划，是剧情类、知识类，还是开箱测评类？

如果说企业的短视频只是简单呈现了产品的功能或外观，那么拍出来的视频跟淘宝上常见的商品视频就没有什么区别了，就像一个干巴巴的说明类视频。这样的视频，即使画面再精美，也没有办法在短视频的汪洋大海中脱颖而出，让人记忆深刻。因此，企业要更多考虑怎样通过短视频提高商品的溢价，让买家对商品感兴趣，让他继续关注。所以说企业短视频需要策划，也就是我们所说的核心价值的挖掘。

那么在挖掘核心价值时，企业该从哪一些方面着手呢？下面归纳了四点。

（1）有感染力。核心价值一定要有感染力，价值要能够触动买家的内心，让买家与其产生共鸣，从而对其认同且赞同的一种力量。

（2）有差异化。核心价值与同类产品要有差异化，即我们所说的要别具一格，而且要有合情合理的优点，不走寻常路但又不偏离整个规划。

（3）包容力和敏感性。核心价值要具备包容力和敏感性，既要有一定的深度，也要经得起推敲，让买家回味无穷。

（4）提升品牌溢价能力。核心价值要可以提升品牌的溢价能力，能够让品牌在同类产品中卖出更高的一个价格。

8.1.5
企业玩转抖音需掌握3H法则

今日头条华北营销中心负责人王丁虓表示："在抖音上做品牌主页，绝不只是一个新的平台的迁移，需要突出运营。"同时，王丁虓给品牌主提出了"3H"干货建议，即Hotspot、Hashtag、Headline内容运营法则，助力内容运营更加系统化、规则化，如图8-6所示。

图 8-6　Hotspot 热点型内容法则

1. Hotspot 热点型内容法则

Hotspot 热点型内容法则主要强调追随平台的热门内容，强调内容的新鲜感与活跃感，侧重点赞量和关注量的数据监测，如图 8-6 所示。

企业可以把品牌本身想传达的理念跟热点上的创意结合起来。其中，发现热点的方式包括热歌榜、发现页的热搜、发现页的热门挑战。以上途径都可以发现平台最火的内容。

2. Hashtag 标签型内容法则

Hashtag 标签型内容法则需要品牌主自我打造连续性主题内容或活动，强调内容的风格化，如系列教学、系列剧情、系列产品、系列场景等，侧重评论量和关注量的数据监测。

品牌必须要有人设，你有一个基本的细节性的内容，用户、消费者才会去不断地持续追你的内容，把你当成很重要的信息来源和娱乐来源。

3. Headline 广告型内容法则

Headline 广告型内容法则主要是在关键营销节点发布的广告导向内容，强调内容的精美度和独家性，侧重曝光量的数据监测，如图 8-7 所示。

这个 3H 法则可以帮助品牌主页打造系统化、有节奏感的内容。此外，抖音后续还将推出"世界杯"AR 类贴纸，并建立 AR 贴纸平台，将"生活中令人惊讶"的视觉效果贴纸应用到商业化中。

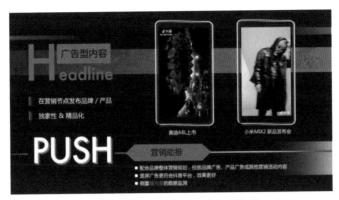

图 8-7　Headline 广告型内容法则

8.1.6 抖音的企业服务市场空间很大

企业怎么玩转抖音？从海底捞到必胜客，它们在抖音平台引爆的经验是否能复制？追求最大效果的广告主们，又该如何评价抖音大火背后的实际价值？如今，各大企业管理者也在不断深入探索与抖音的合作。

AdMaster 首席执行官、精硕科技集团首席运营官陈传洽指出，"抖音广告效果如何评估？广告的评估方式，我们可以总结为三个元素：营销触达，有效驱动，品牌收益。原来我们从纯曝光到购买到后期的分享，好像有一个心理学的流程，但现在这个东西就变得很快，甚至那一天那一刻就完成了。"

蓝标传媒集团 CEO 潘飞说："我们需要做一个'短视频观看指数'，希望在抖音的牵头之下联合广告主以及像 AdMaster 这样的大数据公司，共同定义一个模板和范本，然后再不断进行动态优化。"

字节跳动商业产品副总裁刘思齐说："广告主应该确定的是，抖音非常不同，应该在你的媒体库里给它一个特殊的定位。抖音改变的一是表达，二是互动。我们在尝试建立一个模型，先把高效触达这个事解决了，再下一步就是着手提升互动率，以及通过问卷调查去监测品牌好感度的提升。我们非常能体会到客户的痛点，我在你平台上花了那么多钱，我到底得到了什么，这个东西怎么被证明，这确实是一个值得我们长期探索的问题。"

1. 布局抖音ACI营销全景

大火的抖音，未来的走向如何？字节跳动营销中心总经理陈都烨介绍："抖音的产品力还没有释放出来，营销力更是没有完全释放！抖音致力于以更短的营销路径，更高的传播效率为营销赋能。将以云图平台、星图平台等营销产品为主轴，搭建抖音智能营销平台，布局抖音 ACI 营销全景。"

何为抖音 ACI 营销全景？据悉这是以 Dou Ad（抖音商业推广）、Dou Content（抖音原生推广）、Dou Infinity（抖音互动创新）三大板块为支撑，帮助品牌实现对目标用户与营销信息进行全方位洞察评估、高价值曝光、千人千面投放、互动转化等管理。

2. 抖音赋予了移动营销新价值

经历过爆发式的发展，抖音悄然发生着变化：用户从年轻人到"普世"，不仅有帅哥美女，还有地铁上画素描的老奶奶，有"素人"，也有明星，有城里的白领，也有大山里的孩子。用户早已不是初期的年轻群体，内容也从垂直到多元，萌宠、萌娃、美食、旅行、游戏、体育、时尚……早已不是最初的热歌劲舞。

抖音赋予了移动营销新价值，具体来说包括以下几个方面。

（1）表达升级，全新的广告形式诞生。"竖屏原生视频流是视频广告的下半场。"陈都烨说，"它具有更高的广告价值，竖屏视频广告相较于横屏广告，播放完成率提升了整整 9 倍，视频注意力提升了 2 倍，点击效果提升了 1.44 倍，互动效果提升超过 4 成。"

（2）互动升级，抖音营销拥有全新的互动参与。抖音采用去中心化的传播方式，让优质的内容更易于流动，让内容回归真正的大众渴望。例如，CoCo 奶茶就是一个很好的例子：2 个引爆者，成就了百万播放量；42 个追随者，成就了千万播放量；1 900 个参与者全网引爆，使产品卖到断货，还专门推出了抖音款奶茶。

此外，抖音使用整合升级策略，造就了全新的品牌阵地。陈都烨介绍，从商业推广方面，抖音除了开屏、首刷、信息流等曝光形式，还将一天 24 小时设置成四大强档，实现抖音用户时间全覆盖，其中包括睡前场景、晨起场景、通勤场景和工作场景。在人群优选方面，抖音开展行业优选、粉丝优选。其中，后者将粉丝分为抖音粉、达人粉和品牌粉，通过细分，展开智能粉丝营销，提升裂变效率。

3. 扬帆海外、携手城市、联合企业

2018 年 5 月 8 日，今日头条 CEO 张一鸣在朋友圈中晒出一张抖音成绩单，恭贺抖音在海外取得了好成绩，如图 8-8 所示。

图 8-8 抖音国际版"Tiktok"2018 第一季度在苹果商店下载全球第一

　　2018 年 4 月 19 日，西安市旅发委与抖音短视频举行新闻发布会宣布达成战略合作，双方计划将基于抖音的全系产品，在世界范围内宣传推广西安的文化旅游资源，进一步扩大西安在世界范围的知名度和影响力。重庆、西塘、大理、青海等，这些被抖音带火的城市，在 2018 年"五一"小长假期间迎来了比往日更多的游客流量，城市经济也随之增长。

　　另外，抖音首次联合 20 家品牌，囊括衣食住行各个领域，以独特的方式和视角，为用户呈现生活里的点点滴滴，如图 8-9 所示。抖音官方声称："在未来，抖音还会继续邀请更多的品牌，与你一起创造、记录、分享美好生活的每一刻。"

　　如今，抖音企业号也抢注成风，大批品牌主为了争取到具有唯一性的企业号昵称，快马加鞭，启程抖音"蓝 V"审核之旅。究其原因，坐拥大量年轻用户的抖音已然是一个不断突破上限的流量池，成为许多品牌的新战场。这些品牌在进行抖音"蓝 V"认证后，通过有效营销，获得了可观的流量。

图 8-9 与抖音合作的部分品牌

企业品牌做抖音营销的 5 大优势

为什么各大品牌主纷纷选择了抖音？好玩、有趣、能看上瘾，"抖音范"的趣味广告已经成为品牌主眼中的宠儿。本节将深入分析企业品牌做抖音营销的 5 大优势，还没有开始做的企业应抓紧时间，抓住抖音的流量红利。

8.2.1 迎合碎片化时代的传播诉求

抖音之所以能火起来，除其本身产品的运营和推广做得不错以外，也恰好迎合了当今碎片化时代的传播诉求。

经过近十年发展，社会化营销的基本套路早已被品牌和广告公司深刻领悟。但是，除了创意是营销中的永恒难题之外，流量越来越贵、用户越来越难获取也成为营销难题。对于品牌而言，年轻化、社交化的用户营销平台的选择非常重要，而抖音这两年来的表现无疑让人眼前一亮。

抖音目前正是一个巨大的流量洼地，并且抖音用户目标的高度集中性使其有了制造爆款的能力。随着用户的高速增长，"日刷抖音 300 条"产生了一大波的流量红利。在抖音还未开启商业合作之时，就已经有很多的产品因抖音的小视频而偶然爆红，意外享受到了这波的流量红利。对于品牌而言，越早加入越能享受平台高速发展期所带来的一系列红利。

8.2.2 品牌能够获得更高的曝光率

抖音的用户增长速度很快且日活跃度非常高，平均下来每位用户每天的在线时长可达 1 个小时以上，这样品牌就能获得更高的曝光率。

一个品牌做抖音营销，最关键的是要进行品牌的曝光。但是，除非你是与抖音官方合作拍摄广告，或者认证的企业"蓝 V"，否则你自带的品牌广告很容易被限流和屏蔽。因此，企业在进行品牌植入时，一定要根据视频内容，进行巧妙的品牌曝光。

企业创作短视频虽成本低、宣传效果好、转化率高，但是一切的前提都建立在优质的短视频内容上。可以说在短视频时代，内容才是王道。优质的内容离不开巧妙的创意，以及精准的用户画像、明确的企业定位。

企业创作短视频时，一定要注意以下几点。

（1）趣味且实用，拒绝低俗的模仿：品牌创造内容需要有趣、有创意，带有自身识别度，清晰展示自身品牌定位，这一点需要企业结合自身产品定位，创造优质个性内容。这也是在短视频平台上比较容易传播的内容，比如用自身产品进行实物展示、开发新功能、创意植入等。

（2）巧妙结合热点，拒绝跟风无底线：热点话题、热门内容等可以提升流量，但是对于有别于一般用户的官方企业号来说，需要将热点与自身品牌特征相结合，不能盲目跟风。企业官方推出的作品，对于版权底线一定要注意，针对地图规范使用、历史人物、竞品攻击等方面要提前做好规范。

8.2.3 年轻人接受新事物的能力强

因为抖音里一、二线城市年轻群体居多，他们对新事物的接受能力强，而且更愿意参与到新鲜刺激的各项挑战里，满足了品牌对于营销平台的选择需求。

例如，原本对数字化敬而远之的香奈儿CHANEL，在"抖音美好生活映像志"的"蓝V"账号上，一连12天上线12支"Chanel J12腕表"的广告视频。再如，Dior成为首个入驻抖音的奢侈品品牌，培养年轻人群体，使他们转化为潜在的消费对象——品牌想要找到年轻人，抖音是绕不开的平台。

8.2.4 具有很强的话题性和互动性

抖音目前已成功捧火了奶茶、火锅、城市旅游景点等众多领域内的品牌，具有很强的话题性和互动性。对于品牌而言，只要可以植入自家产品形象，营销本身的推广形式其实没有什么局限。而抖音作为继微信公众号、微博之后的一个新的企业营销展示平台，各种品牌自然也十分乐意去进行新渠道的尝试。

例如，唯品会在"616大促"宣传期间，曾在抖音上发起#挑战有意思#挑战赛，配合唯品会专属抖音贴纸和洗脑的"挑战有意思"BGM，吸引142 703人参与，

获得投稿 157 675 条，获得超 9.3 亿品牌总曝光量，1 386 万点赞数，如图 8-10
所示。

图 8-10 #挑战有意思# 话题挑战赛

唯品会通过在关键广告位切入，第一时间抢占用户的注意力，最终"开
屏黄金广告位"和原生信息流广告为挑战赛带来了超高的曝光量，成为两大
引流利器，使挑战赛热度再次升级，成功为唯品会大促造势引流。

再如，MICHAEL KORS 和抖音达成深度合作，发起了一个 # 城市 T 台，
不服来抖 # 主题挑战赛，抖音还为 MICHAEL KORS 在拍摄道具中定制了符
合品牌调性的系列贴纸。

 8.2.5
塑造品牌形象来扩大影响力

对于品牌主来说，抖音"蓝 V"企业认证号就相当于企业在抖音的阵地，
它能够帮助企业传递业务信息，与用户建立互动。

很多企业和品牌都看到了抖音的巨大流量及转化能力，包括支付宝、小米、
爱彼迎、马蜂窝、等知名科技和互联网公司的品牌也已经纷纷入驻了抖音平台，
通过或搞笑或创意的视频内容，来提升用户黏性和品牌曝光度。

例如，联想抖音上的账号，给出了 2 个标识：其一是口号"每一次联想，
都不止 15 秒"；其二是更新时间"每天 18：00"。联想抖音账号的视频内容
则是每天固定的女生出镜，以趣味的方式展现联想的各类产品。把产品广告
做成段子，却不低俗、足够有趣，勾起用户对产品的更多联想。

企业品牌主玩抖音的3大主要方式

目前，抖音可为品牌提供的展示方式主要有开屏广告、视频流广告、发起挑战、品牌官方账号等，可以总结为观看体验类、社交体验类、互动体验类三大类。其中，原生信息流广告和挑战赛是最为常见合作方式。

8.3.1 观看体验类：原生信息流广告

抖音上的原生信息流广告支持跳转落地页和品牌主页，用户还可以参与广告的点赞、评论、转发。

例如，在 2018 年世界杯期间，哈尔滨啤酒凭借着抖音短视频开屏、信息流等高价值广告曝光资源，以及强互动参与度的挑战赛活动，视频总播放次数达到 19.9 亿，如图 8-11 所示。

图 8-11 哈啤的话题挑战与相关视频

据悉，活动期间的信息流广告页面浏览量累积超过 257 万，内马尔开屏广告（page view，即页面的浏览量）高达 5 600 万，点击量超过 295 万。另外，根据主题赛定制的"喇叭 + 足球 + 哈啤"组合贴纸道具，使用人数超过 6.9 万，成功扩大品牌声量。

8.3.2
社交体验类：品牌官方账号

过去，品牌在使用短视频营销时，通常是采用一次性投放策略，结果往往只能获得一次性的品牌曝光数据。现如今，通过抖音企业号强大的社交属性，企业不仅可以通过短视频曝光品牌，而且还可以将获得的用户数据转化为自己的品牌粉丝。积累的粉丝越多，做营销的成本越低。

同时，通过品牌官方账号的私信功能，企业号还可以在抖音平台打造自己的社交关系，积累粉丝，高效沟通，创造更多营销转化。

8.3.3
互动体验类：抖音挑战赛

挑战赛是一种整合打通抖音站内资源的合作模式，包括定制挑战、核心入口展示、达人互动、定制贴纸和音乐入库等。例如，滴滴的 # 上车的一百种姿势 #、MK 的 # 城市 T 台，不服来抖 #、必胜客的 #DOU 出黑，才够WOW#，也都属于这种方式，如图 8-12 所示。

图 8-12　抖音挑战赛

引爆品牌营销的5种内容形式

过去，品牌想接触到用户，需要信息触达、唤醒、召回等各个环节，但抖音通过短视频这种沉浸度更强的表达方式，将品牌和用户的距离缩得很短，在这种情况下用户的转化性也会极大地增加。

目前，抖音的品牌主页上，可以定制品牌头图、账号头像"蓝V"身份认证、文字介绍，同时支持品牌官网、电商渠道的转化入口、话题挑战赛内容聚合，以及置顶的品牌视频等功能。除常规的开屏广告、信息流广告之外，抖音目前还为品牌主提供了互动贴纸、KOL或明星的合作矩阵、挑战赛的方式。企业主可以获得官方认证标识，并使用官方身份，通过视频、图片等多种形态完成内容营销闭环。

当然，内容仍然是企业品牌在抖音平台上传播的重中之重，知道再多的方法论，最终都是要表现在内容的传播上。笔者通过系统的分析和梳理，本节总结出了以下5种引爆品牌营销的内容形式。

8.4.1 戏精类：完美展现品牌特性

"戏精"类内容是指KOL运用自身的表演技巧和出乎意料的剧情安排，将品牌的特性完美展现。比较典型的案例就是"水果侠"主题乐园，这类视频内容非常适合"发起挑战"，因为会吸引很多UGC共同参与创作。在此案例的推广期间，挑战话题#被玩坏的魔性神曲水果侠#排在热门挑战的第2位，KOL创作的"水果侠"音乐片段排在热门音乐的第4位。

因此，在内容上创作上，企业也可以做个演技派，采用歌曲演绎、自创内容演绎和分饰多角等拍摄手法，将音乐变成你的表演秀。"戏精"类内容适合想要塑造或者改变形象的企业。比如有些品牌，想要更年轻、更鲜活、更有趣、更不一样的形象。例如，抖音联合七大博物馆推出的"文物戏精"

系列，偏正统、严肃的博物馆及展品，被赋予了鲜活的新形象，甚至成为"潮酷"的代表，重新塑造和展示了新的品牌意义。

8.4.2 特效类：品牌形象插入视频

KOL 运用软件制作特效，将品牌形象或信息穿插入视频内容中，辅以震撼音效，直慑人心。特效类的典型案例就是《移动迷宫3》，抖音达人分别通过个性化的手势动作，加入丰富的特效，穿插电影的预告信息。

当品牌主自己有口号、主题，希望充分表达的时候，可以借助抖音达人的原生影响力与标签感，并运用各种特效来充分彰显品牌理念和主张。

8.4.3 实物类：引发"带货"效应

KOL 将实物产品软性植入到拍摄场景，或作为拍摄道具来直观展现，引发"带货"效应。例如，长城汽车的案例，抖音达人通过在视频里加入长城汽车的海报信息，以及在衣服上粘上"WEY"的车型标志，并搭配富有创意的舞蹈，毫无违和感，让短视频有整体感。

再如，用户在视频中对"小爱同学"玩"调教 play"，通过小米 AI 音箱的人性化 AI 功能，在自动识别用户的语音后，给出充满趣味性的回答让人捧腹。更有人设计了一套"恶搞"问题的训练计划，让人工智能回答变得更有趣。当大家都在研究如何让"小爱同学"变成优秀的段子手时，"小爱同学"成为小米 AI 音箱的代名词，也让其附带上二次元属性，成为最火的 AI 音箱。

8.4.4 故事类：引发互动产生共鸣

KOL 将产品或品牌信息用讲故事的手法，带入到特定的暖心接地气的短视频情境中，和用户产生情感共鸣，引发互动。例如，比较典型的是口味王品牌的案例，抖音达人通过平淡暖心的叙事手法，将口味王零食送给辛苦的劳动者，让他们感受到温暖，从而传递出此品牌的亲民性。

企业做内容规划时需要考虑的两个重点——内容的关联性和可持续性。

（1）内容的关联性。做出的内容要与品牌有一定关联，品牌或产品要处于一个相对重要的地位。假如，一个登山装备的品牌，可以做一些喜剧类的视频，通过剧情的设定巧妙地将产品作为关键道具植入，但是这种剧本故事的生产能力其实挺有难度，而且非常难以持续生成，也就是下面说到的内容可持续性。

（2）内容的可持续性。每个产品的背后都有大量可诉说的技能、技术、知识，随着产品的技术迭代、新品上市，其实这种技能类、知识类的内容，普通企业也是可以持续生产的。

8.4.5
动作类：潜意识打入用户心智

KOL 运用肢体动作，表现品牌或产品蕴含的个性特征，引发用户联想，从潜意识切入，打入用户心底。比较典型的案例就是电影《环太平洋2》，抖音达人用极具特色的形式拍摄视频，搭配电影的经典 BGM，最后模仿预告片经典动作，说出品牌内容。

  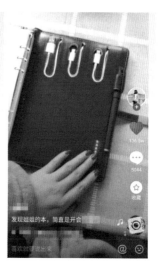

第 / 9 / 章 /

营销： 创意内容营造抖音 爆款营销

现在抖音到底有多火？不仅抖音里的"网红"款奶茶使得一些奶茶店门口排起了长长的队伍，那些在火锅店里红爆了的"抖音吃法"也是随处可见。还有那些发传单促销的商家，也都把自己的员工打扮成了抖音里的"网红熊"。

在抖音平台，几乎让所有的普通老百姓都有了成为"网红"的机会。那么，企业品牌如何利用抖音进行营销呢？本章将通过抖音营销的步骤、品牌短视频营销的方法，以及各种行业营销技巧，来分析打造抖音爆款的方法。

🔍 9.1 企业开展抖音品牌营销的 3 个步骤 ▼

🔍 9.2 借助抖音进行品牌营销的 7 种玩法 ▼

🔍 9.3 不同行业的抖音短视频营销关键 ▼

企业开展抖音品牌营销的3个步骤

抖音现在非常火，火到什么程度？很多用户看抖音，可以从早上看到晚上，就是不愿意放手。笔者也做过一个测试，随便刷了刷，再一看时间，已经过去一个多小时了。抖音太有吸引力了，正是由于它强大的吸引力，因此出现了很多营销人专门针对它设计了一套营销方案。只要有人的地方就有营销，这句话说得非常对。那么，企业品牌对于抖音的营销是怎么开展的呢？本节就抽丝剥茧给大家细细道来。

9.1.1 第一步：养号

无论是做内容搬运还是原创，只要是做抖音，一定要先"养号"。你如果刚开始做，就直接放一堆视频上去，系统很容易检测到你是做营销的，则不会给你推荐。因此，对于新注册的原创抖音账号，企业首先要做好定位，想吸引什么人群，就按照能吸引这类人群的特点去设置，如果不知道如何设置，可以去看同领域的账号怎么设置的，学习一下。

另外，企业也要模拟正常人的使用习惯，每天发布1～3个视频，然后时不时地点赞，转发一下其他人的视频，目的是给平台一个信号，你是正常用户。

之前总结过，抖音用户特点是一、二线城市年轻人居多，以女性居多，内容潮流酷炫，以娱乐化为主。所以，从现有的用户客群出发，我们认为与生活方式（衣食住行）紧密相关的服务型企业更适合在抖音上进行营销。比如，餐饮这样快速、轻决策的产品，还有按摩、美发等偏重体验式的产品，以及一些生活办公实用的智能硬件产品。另外，就是拥有良好用户体系及口碑IP价值的品牌，抖音"音画同步"的展现方式能够让品牌与用户进行面对面互动。比如，联想和支付宝等品牌，都在使用人格化的方式进行品牌的短视频营销。

9.1.2
第二步：工具使用

想做抖音，工具的选择对于是否能成功，也有着举足轻重的作用！在前期做抖音的时候，新手还需要用到一些数据分析工具，找到适合自己的热门内容来进行创作。在运营抖音时，数据分析非常重要。比如，运营初期通过分析数据得出用户画像，后面帮助做内容的优化等。

那么，抖音如何进行数据分析呢？有需要的用户可以了解一下专门针对短视频的大数据统计工具，帮助自己更好的做短视频运营。例如，头条易平台以"快速决策，精准投放"为目标，利用领先的大数据技术和深度学习算法，对海量头条号做深入分析和数据挖掘，多维度展现头条号画像，而且还提供了专门针对抖音平台的视频流量工具，可以帮助用户借势打造品牌爆款。

9.1.3
第三步：促成爆款

用户刚刚发布的视频，会进行第一轮推荐，之后再进行第二轮、第三轮的推荐，而第一轮推荐是最关键的。只有第一轮推荐获得良好的效果，这样系统才会认为视频有价值，值得推荐，这样成为爆款的可能性就大很多。

抖音的重点还是做原创来打造个人 IP，这样才是长久之路，如支付宝和小米都是这样成长的。比如，支付宝将运营部的日常和支付宝新功能编辑成段子；小米手机也将自己产品的亮点和运营团队的趣闻做成短视频来吸粉。此外，还有一些知名大品牌联手抖音进行线下活动，如必胜客，让影响力不断辐射。

我们仔细分析抖音爆红的产品，可以总结出一些共同特点，最突出的就是新奇和实用。这也符合抖音最受欢迎的内容特点，就是好看、好玩和有用。许多我们看起来很熟悉、习以为常的事物，也有让人脑洞大开、耳目一新的玩法和升级，就是抖音所引导的潮流所在。

那么对于企业号来说，它应该如何通过爆款内容来扩大品牌的影响力，塑造品牌形象？让我们来看看这些企业是怎么做的。

（1）塑造"自黑人设"。例如，支付宝曾经在公众号发过的一篇《哭惨卖萌求关注抖音官号》的文章，内容一经发出，下方的评论区就被网友们集体戏谑的称为"抖音里的最惨官方账号"。在抖音，为了符合平台调性，支付宝硬是把自己活成了一个"优秀的自黑少年"。从马云到花呗，支付宝负责运营抖音的小伙伴不仅擅长幽默自黑，更擅长"黑"身边的同事，完全没有在公号上的傲娇感，其发布的花呗宣传广告，网友纷纷在评论区中留言："你是不是想笑死我，然后继承我的花呗？"

（2）创作稳中带"皮"。例如，优酷在抖音上的官方账号可以说是非常顽皮了，各类"梗"和段子信手拈来，还十分喜欢"鬼畜恶搞"。2018年世界杯期间，优酷整理了各球队球员摔倒瞬间集锦，组合上"灭霸的响指梗"，打一个响指就有一名球员摔倒；梅西所在的阿根廷队遗憾出局，一段影视剪辑片段，贴上相关人物头像，加上后期配音，让人忍俊不禁。这种跳脱的画风，让网友对优酷官方抖音号充满好奇心，对下一个作品更是持续抱有期待感。

（3）选题平实接地气。例如，一个名为"熊猫侠"的官方抖音号来自《成都商报》，每次发布的视频都由两位小伙伴演绎，内容聚焦生活的点滴，让网友感同身受。如躺在沙发上举着手机，结果手机掉到脸上；进地铁安检，安检员一定要纠结你手中的一杯奶茶；食堂打饭的师傅，永远将饭勺中唯一一块肉给抖掉等，这种充满生活气息的官方抖音号给人带来十足的亲切感，可以拉近企业和用户的距离。

（4）代入IP角色。例如，网易游戏"阴阳师"抖音官方号——"阴阳师扫地工"的主角是一群游戏中的虚拟人物，官方用COSPLAY（英文Costume Play的简写，指利用服装、饰品、道具以及化妆来扮演动漫作品、游戏中以及古代人物的角色）的方法让俊男美女分别扮演人气角色，并展现这些虚拟人物的日常生活，获得大量粉丝关注，如图9-1所示。阴阳师的抖音内容通过"精准的定位＋高颜值COSER（角色扮演者）"，可以给用户带来沉浸式的二次元世界的视觉享受。

图9-1 网易"阴阳师"官方抖音号

除了人们耳熟能详的"互动贴纸""KOL合作""发起挑战"三种植入方式外，品牌主更应该熟知的是：在抖音平台上，不同的宣传周期，应当采用哪种视频内容形式。毕竟抖音是短视频平台，只有最合适的视频内容才能起到"引爆"的效果。而这，绝非"把所有植入方式都用上"这么简单。

抖音对于很多"甲方"来说，真的是一个神奇的物种。它既能使一款食品的订单量直接增加17%，又能让一家刚刚起步的奶茶店以"零成本躺赢"的新姿势获得500个新加盟商；既能让销售方式像挑事儿的冰激凌引得"万人空巷"，又能让一个运动品牌成为一个平台上粉丝最多的"蓝V"。

甚至有不少公司的领导层，还要求所有员工必须学习拍摄抖音。难道真的是"世界上本没有爆款，拍的人多了，就有了爆款"吗？

在抖音平台上火了的品牌，都做好了一件事，那就是——"引爆"。这就像放鞭炮一样，每一个用户都是静静躺在地上的一个个爆竹，品牌需要做的，就是引燃最开始的一两个爆竹，然后让抖音平台这根"引线"，带动其他用户。

为什么说抖音平台是"引线"呢？

因为抖音平台最突出的优势，就是通过竖屏、个性化推荐、音乐、UGC等特性，让用户能够对内容有更高的沉浸度和更强的互动率。而内容传播的路径，则一般是通过最初的个别爆款视频，引爆话题之后，在短时间内吸引数十个追随者进行模仿，而模仿的这一波视频平均的播放量又可达数万甚至数十万。

再往后，则是更多的几何级增长的参与者们，把话题在平台上进一步炒热，在这串鞭炮的末端不停地续上新的爆竹，让品牌声量持续放大的同时，吸引来更多的围观者（浏览者）。

对此，品牌主应当更具针对性和策略性地布局。毕竟，如果没有用户拍摄"抖音虾""自制番茄牛肉饭""自制美味锅底"等创意视频，在抖音上就不会有追随者，生活中就不会有参与者。引爆的过程，实际上就是缩短品牌和用户之间距离的过程，只有这个距离缩短了，用户和品牌才能真正地"激情碰撞"！

9.2 借助抖音进行品牌营销的 7 种玩法

从 2018 年春节开始，抖音已经挤掉微信和微博等一系列耳熟能详的软件，在苹果 App Store 免费下载榜第一名的位子上霸占多日，如图 9-2 所示。

据极光大数据显示，每 100 台活跃终端中，就有超过 14 台安装有抖音；虽然每一条抖音只有 15 秒，但用户每天在抖音上消耗的平均时长达到 20.27 分钟（重度用户甚至经常泡在抖音超过 5 个小时）。

排行榜

付费 App	免费 App

1 抖音短视... 分享美好生活　打开

2 拼多多 -... 新人送888...　获取

3 美团打车... 美团大众点...　打开

图 9-2 抖音成为苹果 App Store 免费下载榜第一名

大火之下，敏锐的品牌企业和自媒体人正在努力尝试搭乘这班"红利之车"，但除了努力之外，抖音该如何为我所用？面对突如其来的"抖音热"，不少新媒体人开始吐槽："知乎、今日头条、大鱼号之类的平台都好说，我可以试着写，无非换一种写作风格！但抖音咋办？我不会抖啊！"

本节笔者便为大家带来了 7 种带有营销目的的抖音玩法，对于企业新媒体运营者、个人品牌实践者，以及广大的自媒体人来说，这些玩法都是值得尝试的。

9.2.1 玩法一：秀出产品，直接展示

如果你的产品本身就很有趣味和创意，或者自带话题性，则不需要绕弯子，可以直接用抖音来展示自己的产品。

例如，下面这款笔记本，除了纸和笔本身外，还藏着一个移动电源、3 根充电线和一个 U 盘，如图 9-3 所示。由于产品本身设计得很有创意，因此直

接把本子的使用过程晒出来，这条抖音就获得了 136.8 万点赞及 5 000 多条评论，甚至不少人在评论中间："链接在哪儿？我要去买！"

又如，某款"网红"火锅产品，可以实现一键升降的功能，如图 9-4 所示。没有用过的人刷到这条抖音，可能会"哇"出声来——再也不用捞来捞去了！由于火锅具有话题性，因此直接展示产品本身，也马上引来了大批网友的围观。

图 9-3　有创意的笔记本　　　　图 9-4　具有话题性的可升降火锅

总的来说，如果你的产品已经做得很有创意并且功能新颖，可以方便随时做展示，那么则可以在抖音上直接展示做营销推广。例如，讯飞语记 App，在抖音上直接展示了 App 的重要功能，将语音转化为文字。

这种营销方法非常适合一些电商商家，尤其一些用法比较独特的商品，如给厌食的宝宝做好玩饭团的工具、手机壳和自拍杆融为一体的"聚会神器"、会跳舞的太阳花等，都是由一个视频引发出的电商爆款，让产品成为热销品。

很多新品上市的时候都有自己的卖点，想传达某一个产品的特色。抖音上有很多达人，他们有自己独特的风格，能把企业的卖点充分展现出来。比如，"黑脸 V"用魔幻效果展现产品特点。

9.2.2 玩法二：策划周边，侧面呈现

如果企业的产品和同行功能差不多，没有什么比较特别的功能，则可以尝试从周边产品做文章，来寻找话题和亮点。"周边产品"原来指利用动画、

漫画、游戏等作品中的人物或动物造型经授权后制成的商品，现在更多指与产品同时交付的一切相关物件。

比如，企业要卖一款化妆品，除了这瓶化妆品本身外，包装盒、棉签、说明书及优惠卡等，都可以作为周边产品去专门设计。在这一点上，"阿芙"公司就做得很好——买一小瓶精油，会得到一大箱子礼物，让用户大呼超值，如图9-5所示。

图9-5　"阿芙"的周边产品

再如，大连的一家比萨店也在周边产品（菜单）上做了文章——直接把比萨原汁原味地印在菜单上，如图9-6所示。这条抖音获得了15.5万点赞，不少网友在上面评论："比萨经常吃，但是看菜单看饿了还是头一回。这家店在哪儿？我要去！"

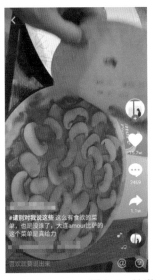

图9-6　比萨店的周边产品设计

9.2.3 玩法三：挖掘用途，产品延伸

除了产品本身和周边产品外，企业也可以脑洞大开，看看自家的产品有没有更多跨界用途，让人拍案叫绝。例如，有网友突发奇想地研究了海底捞"超好吃"的底料搭配法，据说"比点的底料还好吃"。随后，海底捞顺应"抖

音吃法",直接推出一系列"网红秘诀"。例如,海底捞打破火锅店只有"涮"的吃法,"自助小料 + 番茄汤锅底 + 一碗米饭"的做法,成为到店顾客的接头暗号;"鸡蛋 + 虾滑 + 油豆泡"的配方,又形成了一种新的吃法。据一名海底捞服务员介绍:"最近一个月,五桌有三桌都是点抖音套餐,番茄锅底、油面筋桌桌必点,连小料台上牛肉粒和芹菜粒的消耗都是之前的两三倍。"

海底捞的这个典型的抖音营销案例,其实它的一个营销做法就是利用用户猎奇心和参与感。海底捞在抖音"超好吃"的底料搭配法引起了用户的猎奇心,加上参与门槛低,吸引用户纷纷去参与。

人都有跟风和模仿心理,某款产品是"网红"是爆款,大家都说好吃,于是都想尝试一下,并且这种吃法有趣,参与门槛又低,大家何乐而不为呢?

除火锅外,不少看起来平淡无奇的产品,也可以挖掘出或创造出有趣的卖点。例如,一座大楼本身没什么,也不算旅游景点;但是在大楼上玩"俄罗斯方块"并拍了抖音,次日就会有"抖友"驱车前往,与"网红大楼"合影留念。

类似的还有北京烤鸭的独特吃法、麦当劳第二个半价的冰激凌,以及西安特色"摔碗酒"等。无论是食材 DIY 还是吃法上的创新,都抓住了年轻人猎奇、爱挑战,以及爱 DIY 的特点,引发了品牌和顾客充分的互动和参与,让品牌得到快速传播。

9.2.4 玩法四:借助场景,尝试植入

所谓的场景植入也很容易理解,就像我们看电视剧或者电影的时候,在画面中人物角色的背景出现的广告和产品。所以场景植入可以理解为在拍一个搞笑或者娱乐类的抖音视频时,在人物的旁边出现一个要宣传的产品或者产品 LOGO 等,这样也可以起到一个宣传效果。

场景植入有点像传统广告的植入,就是在视频中的场景进行恰当的品牌曝光,让用户记住你家的产品。比如,一个生活小窍门或某个搞笑片段,在场景中悄悄做了植入——如桌角放产品、背后有品牌 Logo 或者背景有广告声音等,这样依然能起到很好的宣传效果。

例如,在某服装店内,店员很熟练地整理衣服,但是往后看,你能看到大大的"H&M"品牌,这就是一种场景植入的方式,如图 9-7 所示。

图 9-7　"H&M"品牌的场景植入

9.2.5
玩法五：聚焦优势，夸张呈现

那么，对于一些功能没有太多亮点的产品怎么办呢？可以就产品的某个或某几个独有的特征，尝试用夸张的方式呈现，便于受众记忆。其实玩法五和玩法一"秀出产品，直接展示"的本质相同，都是展示产品本身。

例如，"空间大"是宝马 GT 的卖点之一。为了突出这个卖点，销售人员直接"藏"了 12 个人在车里，让不少观看者印象深刻。又如，"一键开启中控隐秘的存储空间"算是凯迪拉克的亮点之一，该亮点用"藏私房钱最佳位置"放大后，成为一段时期的热门话题。仅其中一个相关抖音视频，点赞就近 10 万。

9.2.6
玩法六：呈现口碑，突出火爆

产品好不好，不一定要企业自己来说，我们完全可以在抖音上展示产品口碑，从侧面呈现销量的火爆。为了更好地呈现产品口碑，企业可以在抖音展示消费者的排队、消费者的笑脸、与消费者合作的尬舞，以及被消费者打爆的预约电话等画面。

例如，广受年轻人欢迎的"答案奶茶"就是利用了视频做口碑营销。视频中经常晒出店门口的火爆场面，排出人头涌动的排队场景，以及排队消费者们的笑脸、期待心情等做口碑营销。长长的队伍似乎就是在提醒消费者："我们是一家网红奶茶店，大家都说好喝，你不来尝尝吗？"

如果用户希望自己的受众人群，播放、点赞的人数较多，建议可以通过这种形式展现：封面一定要会借力，然后标题写的要有吸引力，做到这些，相信你的作品会很快火爆起来。切记：视频中不得含有任何负面内容！

9.2.7 玩法七：曝光日常，传播文化

企业经常会向自己的消费者提问："您买我家产品，看重的是什么？"而在对消费者进行调研后就会发现，除了产品质量和服务水平等以外，消费者也会关注企业的内在文化。尤其是对于一些耳熟能详的知名企业，其领导和员工的日常生活格外令人好奇。比如，阿里巴巴的马云，他的一举一动都受人瞩目。当然这与他个人魅力有很大关系，举这个例子只是用来说明传播企业文化的重要性。

毕竟，如果有两家企业，产品差不多，第一家企业的员工热情似火、工作富有激情；第二家企业的员工待人冷冰冰，甚至内部充满人事斗争。作为消费者，我更愿意选择第一家，哪怕第一家产品稍微贵一点。所以，企业也完全可以在抖音上，将办公室文化、员工趣事等呈现出来。

例如，小米的抖音账号之一"小米员工的日常"在春节前发出一系列办公室趣味抖音视频，看起来只是发年终奖、春节加班、发开年红包等琐碎场景，依然有大量网友去看、去评论。又如，阿里巴巴在抖音账号"淘宝"仅晒出部分食堂饭菜，就获得了近3万点赞，不少人留言："好良心的公司啊！""好想去上班！"

其实除了以上7种玩法外，抖音还有第8种和第9种玩法：付费广告（花钱在抖音投广告）和"红人"合作（花钱找抖音大号合作）。这两种玩法需要有充足的预算，但对多数企业而言，它们恰恰缺少的就是互联网广告经费。

但这两种方法却是快速传播广告投放的最优路径之一，有没有什么方法能够在不花费太多预算的情况下，让自己的广告也能得到投放呢？笔者建议，在你尝试过以上7种玩法，但取不到一定成果后，不妨试着接触下付费广告和"红人"合作这两种很快能取得成绩的方式。

不同行业的抖音短视频营销关键

抖音这个短视频领域的"王者"，不光是"不经意间"带火了诸如"小猪佩奇手表""答案奶茶"等小众品牌，更是让阿迪达斯、支付宝、蚂蜂窝、必胜客等大众品牌争相入驻，试图搭上这趟流量的顺风车。

本节主要以抖音上常见的 3 个行业，即餐饮行业、生活用品行业和文娱产品行业为例，介绍不同行业的抖音短视频营销关键。

9.3.1 餐饮行业短视频营销关键

自从"网红"餐厅兴起，消费者就养成了动筷子之前先动手机的习惯。对于餐厅来说，第一重要的不是味道，而是摆盘、造型、就餐环境，能不能让消费者产生拍照、拍视频发朋友圈的习惯，这才是现在的"网红"餐厅的逻辑。一方面是"打卡"文化成为主流，另一方面是朋友圈变得日趋"高冷"。此时，如果还用"朋友圈集 20 个赞送小米粥、送拍黄瓜"的营销策略，则可能会被人所鄙夷，而营销重点应该是让消费者产生主动打卡、拍照的兴趣。

因此，对于如今的餐厅来说，要做好一道菜不仅要学习烹饪学、营养学，还要学习建筑学、园艺学、景观设计学、色彩搭配学、消费者心理学，乃至玻璃陶瓷、金石研究等，甚至还要懂得利用干冰、液氮、火焰喷枪等制作各种特效，让消费者有拍短视频的冲动。总之，如果你的产品和内容设计，不能给消费者以惊艳之感，那么你就可能会失去了他们的心。

餐饮行业要想做好抖音短视频营销，首先设计的产品属性要跟抖音相配，可以采用"DIY＋抖音"的方法，DIY 属性意味着产品本身具备很强的可塑性，有了玩花样的基础。仔细观察，你会发现那些走红的产品，除了都是食品外，它们都具备很高的 DIY 属性，稍微增加点创意玩法便有很多想象空间。

例如，在人均 10 元钱的 CoCo 奶茶店，"焦糖奶茶＋青稞＋布丁＋少冰＋无糖"成为 CoCo 奶茶的隐藏秘方。某个短视频里，一个用户手捧 CoCo 奶茶，介绍"网红"奶茶的"隐藏"配方，如图 9-8 所示。这个短视频获得了二十多万点赞量，也引发了连锁反应，致使全国各地网友蜂拥至 CoCo 门店下单"网红款"。

再如，麦当劳常年有第二个半价的优惠，但是对单身用户而言，一次点两个甜筒拿着吃几乎是件不可能的事。不过，抖音上有人发明了两个甜筒二合一的花样吃法，看上去很酷炫，如图 9-9 所示。

图 9-8　CoCo 奶茶的隐藏秘方　　图 9-9　麦当劳甜筒二合一的花样吃法

观察现有的几个爆红餐饮营销案例，它们共同的特点都是顾客在消费的过程中参与了食品的个性化组合搭配，简称 DIY。抖音平台上充满了参与感和创意的餐饮消费行为，搭配上时下最受欢迎的短视频形式，非常容易成为争相模仿的对象，立刻就带来了海量的线下转化。

9.3.2 生活用品短视频营销关键

相比于食品，生活用品营销主要体现在实用功能上，所以在营销上需要结合有颜值、有趣味或者日常生活展示，但不要有明显的推广产品痕迹。

品牌依靠自己的力量，往往带动的传播效应有限，而如果依附于其他流量大户，那么可以免费蹭得很多流量。抖音带火的 IP 中，最为典型的就是"小猪佩奇"了。顺着这股潮流，电商吃到了甜头，淘宝上随便搜搜小猪佩奇的文身贴、手表、滑梯玩具、毛绒公仔等产品，月销量过万的非常多。紧随其后的，是线上的火爆延烧至线下，很多知名品牌也来"蹭热度"，如优衣库的佩奇联名款儿童睡衣、耐克的"佩奇鞋"等。

很多东西，虽然你不知道它们是如何红起来的，但是当它红起来时，你必须做出响应，证明你也是时代的"弄潮儿"，并没有被时代抛弃。成为短视频"网红"品牌这种事件是随机、不可控的，但对于品牌而言，越早介入越能享受到平台红利。

9.3.3 文娱产品短视频营销关键

很多抖音里面比较火的音乐，都是很久之前就有的，但是过了这么多年拿出来，依旧能够火，说明这才是经典。当然，大多数抖音里面比较火的音乐都是节奏感比较强的和情感丰富的，毕竟抖音的主要受众人群是年轻人。

其实，被抖音带火的不只是音乐，很多综艺、电视剧的桥段，也在抖音一炮而红。比如，《烈火如歌》播出期间，迪丽热巴的托脸手势，被广大网友模仿改编传播。不过，音乐等文娱产品想要在抖音上传播，要注意这几点。

1. 要有情感属性

抖音里的音乐有个特点，基本是只有副歌，也就是音乐最高潮的部分。副歌是音乐里最抓人心弦的部分，很多时候听副歌，像突然间击中内心的"高潮点"一样，听着心里很舒服。抖音里的音乐只截取副歌，有时候配上文字再加上视频里的内容，像十几秒的MV，看视频的人很容易被带入感情。视频内容加上合适的音乐和恰到好处的文字，想不被转发和模仿都困难。

2. 要能营造出一种"美好感"

很多人一开始对抖音的不屑，是由于抖音内容的粗糙质感，而当他们沉迷之后，不得不承认：这些"粗糙"的小视频竟是这样让人不能自拔。好的内容不在于"多精美"，而在于能否戳中你的心，唤起你内心隐藏的七情六欲。这也正是为什么"后流量"时代，得内容者得天下。抖音那些略显"粗糙"的小视频，恰恰轻而易举地抓住了用户的好奇心、新鲜感、共鸣点。对于短视频来说，音乐更像是一个滤镜，帮助短视频有更强的表现效果。音乐其实本身就有很多强表达的因素在里面，很多画面配上合适的音乐，天然会让人产生一种"美好感"。

3. 要人人都能玩

玩抖音的年轻人，大都敢于表现自我。抖音的视频内容都是大家社交互动的素材之一了，什么东西都可以玩，视频只是一个载体。现在回头看，抖音的社区和社交属性是不是已经初见雏形？这才是抖音的野心，也是短视频的本质——社交。

如"抖友出征，寸草不生""天王盖地虎，小鸡炖蘑菇"这些抖音"入门级"的"暗语"，给了用户们带来了极高的身份认同感，而他们从陌生人身上获得的身份认同，又给自己带来了社交的满足感。

04

引流变现篇

引流：全面揭秘抖音引流和涨粉技巧

经常听身边的一些朋友感叹"抖音有毒"，一刷就是几个小时，可想而知它的用户黏性有多强。既然抖音有这么多的流量，那么就一定有赚钱的方法，作为普通人的我们，应该如何利用抖音进行引流和变现呢？

本章将介绍利用抖音算法实现增粉的方法，以及抖音引流的 15 个常用技巧。

🔍 **10.1 利用抖音算法实现增粉** ▼

🔍 **10.2 抖音引流的 15 个方法** ▼

利用抖音算法实现增粉

抖音沿袭了今日头条的算法推荐模型——根据用户口味推荐，从而保障了视频的分发效率及用户体验。了解抖音的推荐算法机制，能相应地获取更多的推荐，是一个快速获取流量的方法。

10.1.1 抖音排名算法和推荐机制

个性化推荐、人工智能图像识别技术是抖音的技术支撑，挑战赛、小道具、丰富多彩的BGM则为用户提供了各种各样的玩法，让人既能刷到有趣的视频，又可以快速创作出自己的作品。

在笔者看来，抖音的算法是极具魅力的。因为抖音的流量分配是去中心化的，它的算法可以让每一个有能力产出优质内容的人，都能得到跟"大V"公平竞争的机会，实现了人人都能当明星的可能性。

例如，2018年6月，抖音上突然冒出一个昵称为"王北车"的达人，他不仅年轻帅气，而且唱歌很好听，迅速在抖音走红，仅仅一个多月就吸引了900多万粉丝关注，同时获赞数达到2900多万，如图10-1所示。另外，"王北车"还推出了《陷阱》《姑娘》《突然想起你》《路人甲》等热门歌曲，被抖音用户作为BGM大量使用，如图10-2所示。

"王北车"之所以能够与"摩登兄弟""连音社"等坐拥千万粉丝的抖音大咖公平竞争，这还要得益于抖音的推荐算法机制。抖音算法机制的好处如图10-3所示。

同时，用户还必须清楚抖音的推荐算法逻辑，如图10-4所示。如果用户想在一个平台上成功吸粉，首先就要了解这个平台的爱好，知道它喜欢什么样的内容，排斥什么样的内容。用户在抖音发布作品后，抖音对于作品会有一个审核过程，其目的就是筛选优质内容进行推荐，同时杜绝垃圾内容的展示。

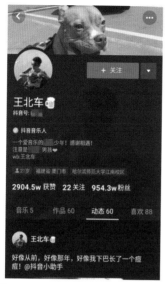

关注
王北车
抖音号:
抖音音乐人
wb:王北车
2904.5w 获赞 22 关注 954.3w粉丝
音乐 5
作品 60
动态 60
喜欢 88
王北车
好像从前，好像那年，好像我下巴长了一个痘痘！@抖音小助手

图 10-1 “王北车”的抖音主页

王北车
音乐 5
作品 60
动态 60
喜欢 88
陷阱
606567个视频使用
00:41
姑娘
165763个视频使用
00:23
突然想起你
68320个视频使用
00:53
路人甲
66665个视频使用
00:31
没有更多了~

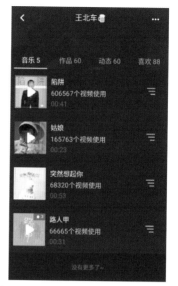

图 10-2 “王北车”推出的热门歌曲

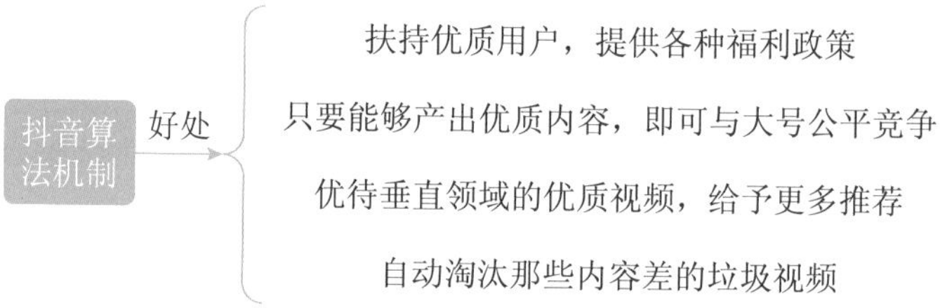
抖音算法机制
好处
扶持优质用户，提供各种福利政策
只要能够产出优质内容，即可与大号公平竞争
优待垂直领域的优质视频，给予更多推荐
自动淘汰那些内容差的垃圾视频

图 10-3 抖音算法机制的好处

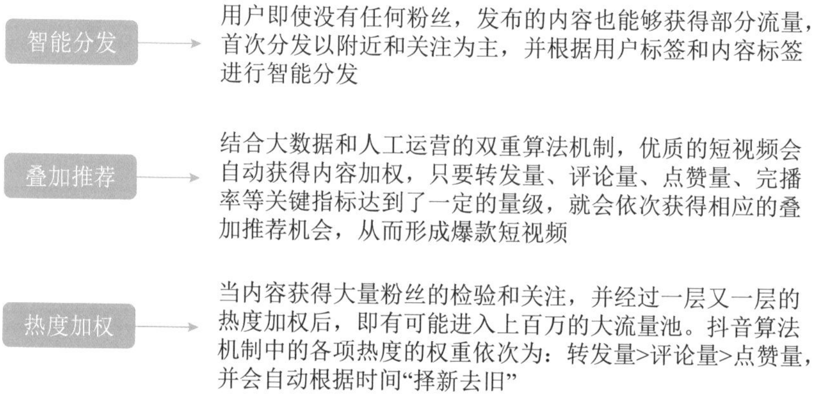
智能分发
用户即使没有任何粉丝，发布的内容也能够获得部分流量，首次分发以附近和关注为主，并根据用户标签和内容标签进行智能分发
叠加推荐
结合大数据和人工运营的双重算法机制，优质的短视频会自动获得内容加权，只要转发量、评论量、点赞量、完播率等关键指标达到了一定的量级，就会依次获得相应的叠加推荐机会，从而形成爆款短视频
热度加权
当内容获得大量粉丝的检验和关注，并经过一层又一层的热度加权后，即有可能进入上百万的大流量池。抖音算法机制中的各项热度的权重依次为：转发量>评论量>点赞量，并会自动根据时间“择新去旧”

图 10-4 抖音的推荐算法逻辑

抖音的推荐算法和百度等搜索引擎不同，搜索引擎推荐算法主要依靠外链和高权重等，而抖音则是采用循环排名算法，根据这个作品的热度进行排名，其公式如下：

$$热度＝播放次数＋喜欢次数＋评论次数$$

那么，机器人是怎么判断视频是否受大家的喜欢呢？已知的规律有以下两条。

■ 用户观看视频时间的长短。

■ 视频评论数的多少。

抖音给每一个作品都提供了一个流量池，无论是不是大号、作品质量如何，每个短视频发布后的传播效果，都取决于作品在这个流量池里的表现。因此，我们要珍惜这个流量池，想办法让我们的作品在这个流量池中有突出的表现。

一般新拍的抖音短视频作品，获得点赞数和评论越多，用户观看时间越长，那么推荐的次数也就越多，自然获得的曝光量就会很好，从而会增加获得推荐的概率。基于已知的算法机制，下面总结了三条经验，以此来提高抖音号的价值。

（1）想办法延长用户停留时间。用户可以美化短视频封面，以及设置一个悬疑的开头，或者打造一个惊人的出场方式，这些都是非常有效的方法。

（2）有效的评论区互动法。这个方法是用户最容易忽略的，视频底部优质的评论，是了解用户对视频看法的最直接方式。

（3）尽快建立自己的抖音社群或抖友社群。社群已经成为用户增长最有效的方式之一，建立社群的目的是增强普通用户之间的黏性，基于同一习惯或者是基于某一类人生观，聚合同一类行为的人群，提高粉丝留存率，然后再利用这部分用户去影响更多的用户。

10.1.2
抖音算法的5个核心参数

抖音的账号权重主要包括如下几点。

（1）粉丝数。粉丝数是最直观的隐性账号权重，粉丝的数量和增长速度，也同时在反映你的账号被认可的程度。

（2）完播率。简单来说，就是你发布的视频，有多少比例的用户是完全看完的，有多少用户是在刚打开三五秒的时候就直接跳出。这个比率跟传统WEB时代网站的跳出率类似，可以看到用户是在什么位置流失，有多少用户是全部看完的。完播率也是一个衡量短视频质量的指标，毕竟没有人对于不好看的内容，还会坚持看完。

（3）传统的转发率、点赞率等基础数据。因为抖音跟今日头条的推荐机制是一脉相承的，会根据用户的过往使用习惯，相对精准地把新内容推送到用户面前。所以，那些优秀的短视频内容，通常都会获得比较高的转发率和点赞率。

（4）活跃度。抖音的活跃度主要指用户在线时长，以及内容发布频次。例如，某个漂亮的女性用户，苦练了几个抖音上热门的手势舞，技巧和相貌都相当出众，但是她的视频点赞量却只有寥寥几个。原因很简单，在第一次没有被抖音小助手推荐后，她已经错失了最初获得流量的机会。同时，她以每周更新一个短视频的频次进行创作，这种更新频次显然会影响权重。

（5）评论量。评论短视频的用户越多，说明该视频的内容越好，话题性越强，可以激起用户想要发表看法的欲望。

如果一个视频，上述几个指标都很高，系统就会把视频推给更多的人看。在实际运营抖音的时候，用户还可以通过一些技巧来提高这些关键指标的权重，具体方法如图 10-5 所示。

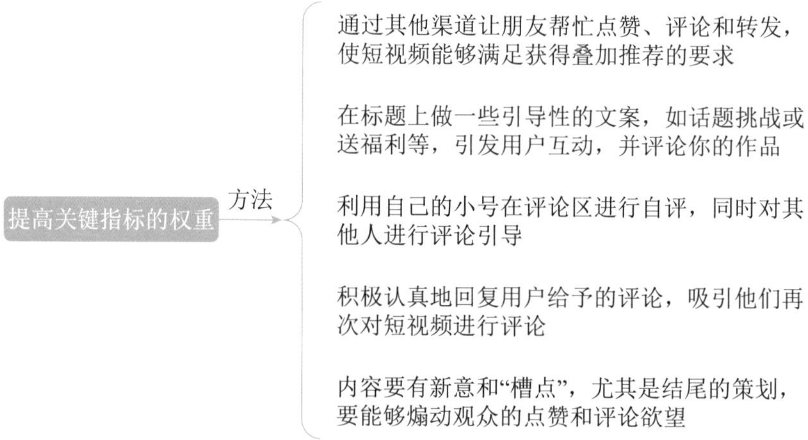

| 提高关键指标的权重 | 方法 | 通过其他渠道让朋友帮忙点赞、评论和转发，使短视频能够满足获得叠加推荐的要求 |

通过其他渠道让朋友帮忙点赞、评论和转发，使短视频能够满足获得叠加推荐的要求

在标题上做一些引导性的文案，如话题挑战或送福利等，引发用户互动，并评论你的作品

利用自己的小号在评论区进行自评，同时对其他人进行评论引导

积极认真地回复用户给予的评论，吸引他们再次对短视频进行评论

内容要有新意和"槽点"，尤其是结尾的策划，要能够煽动观众的点赞和评论欲望

图 10-5　提高关键指标权重的方法

另外，除了上面的 5 个核心参数会影响抖音账号权重外，用户还可以从一些内容方面来增加作品的隐性权重，如图 10-6 所示。当然，算法机制只是为爆款指明了方向，内容才是通向成功的大道，好的内容才能带来更多的流量。

增加隐性权重 ───方法───→
- 拍摄户外场景的短视频内容
- 拍摄多人的场景画面
- 坚持输出优质的个性化内容
- 尽量使用原创音乐和原创创意
- 积极参与平台上的各种活动

图 10-6　增加作品隐性权重的方法

10.1.3 "蓝V"获取流量的技巧

抖音巨大的流量，是吸引所有企业目光的核心。企业开通"蓝V"认证，并好好运营抖音，研究好抖音的流量规则，即可获得高性价比的流量。除了一些传统的投放做法，下面笔者从"蓝V"企业号的角度，介绍获取流量的技巧。

（1）真正的去中心化。抖音的推荐机制，更多的是强调"每一个互动行为都会对推荐产生影响"，所以内容到底受不受用户喜欢是第一位的，而不是仅仅靠着"大V"转发或者粉丝数量的多少。

（2）#挑战赛#聚合。挑战赛是抖音平台上非常重要的鼓励用户产生内容的手段，拥有高级"蓝V"认证的企业号可以把自己发起的多个#抖音挑战赛#展示在主页上，作为一个流量的聚合。例如，在"美团外卖"的企业号主页，就可以看到多个#挑战赛#聚合，以及整体的播放和参与次数，如图10-7所示。#挑战赛#聚合可以将原来零碎和分散的内容形成强关联的聚合，让内容和流量进一步集中，同时用户的信息抓取和参与度更加明确。

图 10-7　"美团外卖"的企业号主页

（3）KOL 推广。大部分的抖音企业号都采用过 KOL 推广的方法，通过与百万千万粉丝级别的抖音红人合作，邀请他们来拍摄视频，实现流量的爆发。同时，KOL 推广的转化率也非常高，能够对企业产品和服务的销量起到很大的推动作用。当然，企业号在选择 KOL 时，也需要结合他本身所擅长的表现形式，只有 KOL 发挥其所在领域最擅长的表现手法，才能生产出最优质的营销内容，获得最好的呈现效果。例如，天猫与"一禅小和尚"联合推出《禅思喵想》，如图 10-8 所示，短片发布不到一周，在微博的播放量就突破了 600 万，抖音播放量 500 万，总点赞数突破 100 万。

图 10-8　"天猫"的企业号主页与《禅思喵想》短视频

企业号可以通过星图平台来寻找合适的KOL，星图平台连接了品牌主、达人、MCN机构，可以帮助品牌主高效找到与品牌匹配的达人，也帮助达人高效找到合适的品牌。

抖音引流的 15 个方法

10.2

　　互联网变现的公式是：流量＝金钱。因此只要你有了流量，变现就不再是难题。而如今的抖音，就是一个坐拥庞大流量的平台。用户只要运用一些小技巧，就可以吸引到相当大的一部分流量；有了流量，就可以帮你更快做好各种项目。

10.2.1 硬广告引流法

　　硬广告引流法是指在短视频中直接进行产品或品牌展示。建议用户可以购买一个摄像棚，将平时朋友圈发的反馈图全部整理出来，然后制作成照片电影来发布视频，如减肥的前后效果对比图、美白的前后效果对比图等。

　　例如，阿迪达斯的抖音官方账号就联合众多抖音达人，推出了各种"15秒热舞课""15秒潮搭课"和"15秒闪拍课"等，让达人们穿上自己的产品，在短视频中通过各种热舞和搭配来展示出来，如图10-9所示。

图 10-9　阿迪达斯利用达人来推广产品

10.2.2
利用抖音热搜引流

对于短视频的创作者来说，蹭热词已经成为了一项重要的技能。用户可以利用抖音热搜寻找当下的热词，并让自己的短视频高度匹配这些热词，得到更多的曝光。

下面总结出了4个利用抖音热搜引流的方法。

1. 视频标题文案紧扣热词

如果某个热词的搜索结果只有相关的视频内容，这时视频标题文案的编辑就尤为重要了，用户可以在文案中完整地写出这些关键词，提升搜索匹配度的优先级别。

2. 视频话题与热词吻合

以"朱××许你浮生若梦"的热词为例，搜索结果返回的是关注人数超147万的#朱××许你浮生若梦#话题，如图10-10所示。从视频搜索结果来看，排在首位的视频文案中并无"朱××许你浮生若梦"的关键词，这个视频之所以排在首位，是因为它带有#朱××许你浮生若梦#这个包含热词的话题，如图10-11所示。

图10-10 "朱一龙许你浮生若梦"的搜索结果 图10-11 视频话题与热词吻合图

3. 视频选用BGM与热词关联度高

例如，从"我已经爱上你"这一热搜词返回的搜索结果来看，部分短视频从文案到标签，都没有"我已经爱上你"的字样。这些短视频能得到曝光的机会，是因为 BGM 使用了二郎演唱的《我已经爱上你》这首歌，如图 10-12 所示。因此，通过使用与热词关联度高的 BGM，同样可以提高视频的曝光率。

4. 账号命名踩中热词

这种方法比较取巧，甚至需要一些运气，但对于跟热词相关的垂直账号来说，一旦账号命名踩中热词，曝光概率会大幅增加。比如，热词"减肥操"，真正带火这个词的可能只是排在首位那条 93 万点赞的视频，但是"减肥操达人""佳丽减肥健身操"等抖音号因为命名踩中了热词，也搭上了热榜的顺风车，曝光得到大幅增加，如图 10-13 所示。

图 10-12　视频选用 BGM 与热词关联度高　　　图 10-13　账号命名踩中热词

10.2.3　抖音原创视频引流

有短视频制作能力的用户，原创引流是最好的选择。用户可以把制作好的原创短视频发布到抖音平台，同时在账号资料部分进行引流，如昵称、个人简介等版块，都可以留下微信等联系方式，如图 10-14 所示。注意，不要在其中直接标注"微信"，可以用拼音简写、同音字或其他相关符号来代替。只要用户的原创短视频的播放量越大，曝光率越大，引流的效果也就会越好。

抖音上的年轻用户偏爱热门和创意有趣的内容，同时在抖音官方介绍中，抖音鼓励的视频是：场景、画面清晰；记录自己的日常生活，内容健康向上；多人类、剧情类、才艺类、心得分享、搞笑等多样化内容，不拘于一个风格。用户在制作原创短视频内容时，可以记住这些原则，让作品获得更多推荐。

图 10-14　在账号资料部分进行引流

10.2.4
抖音评论区人工引流

抖音短视频的评论区，基本上都是抖音的精准受众，而且都是活跃用户。用户可以先编辑好一些引流话术，话术中带有微信等联系方式。在自己发布的视频的评论区回复其他人的评论，评论的内容直接复制粘贴引流话术，如图 10-15 所示。

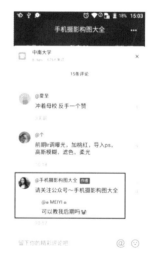

图 10-15　抖音评论区人工引流

10.2.5
抖音私信消息引流

抖音支持"发信息"功能，一些粉丝可能会通过该功能给用户发信息，用户可以时不时看一下，并利用私信回复来进行引流，如图 10-16 所示。

图 10-16　利用抖音私信消息引流

10.2.6
利用互粉群引流

　　互粉的意思就是相互关注，即你关注我，我也会关注你，这个方法在抖音早期非常适用，很容易达到十几万的粉丝级别。但随着抖音的发展，互粉的效果已经越来越差。此时，用户可以利用互粉社群来进行引流，弥补直接互粉的不足，增强粉丝之间的黏性。当社群中的用户发了抖音作品后，可以将其分享到群里，让大家帮忙转发和点赞，众人拾柴火焰高，自然能够快速成为爆款。如图 10-17 所示，为社群引流的一些关键技巧。

社群引流 —— 技巧

- 给社群用户做一个清晰的定位，聚焦在一个垂直领域，如宠物社群、读书社群、英语社群
- 挖掘社群用户的痛点，结合这些痛点来策划自己的抖音内容，给大家分享有价值的内容
- 积极"混群"，借助别人的圈子迅速建立信任，扩大你的社群流量，从而实现推广目标
- 固定时间在群里发红包，或者经常策划一些有奖励的互动活动，吸引更多用户主动来加你
- 多个"马甲"在群里互动，如提出疑惑、回答问题来营造活跃的社群氛围

图 10-17　社群引流的技巧

10.2.7 互推合作引流

这里的互推和上面的互粉引流玩法比较类似，但是渠道不同，互粉主要通过社群来完成，而互推则更多的是直接在抖音上与其他用户合作，来互推账号。在账号互推合作时，用户还需要注意一些基本原则，这些原则可以作为我们选择合作对象的依据，如图 10-18 所示。

图 10-18 账号互推的基本原则

不管是个人号还是企业号，在选择要合作进行互推的账号时，同时还需要掌握一些账号互推的技巧，其方法如图 10-19 所示。

图 10-19 个人号和企业号的互推技巧

随着抖音在人们生活中出现的频率越来越高，它不仅仅是一个短视频社交工具，也成了一个重要的商务营销平台。通过互推，别人的人脉资源也能很快成为你的人脉资源，长久下去，互推会极大地拓宽你的人脉圈。有了人脉，还怕没生意吗？

10.2.8 抖音矩阵引流

抖音矩阵是指通过同时做不同的账号运营，来打造一个稳定的粉丝流量池。道理很简单，做一个抖音号是做，做 10 个抖音号也是做，同时做可以为你带来更多的收获。打造抖音矩阵基本都需要团队的支持，至少要配置 2 名主播、1 个拍摄人员、1 个后期剪辑人员，以及 1 个推广营销人员，从而保证多账号矩阵的顺利运营。

抖音矩阵的好处很多，首先可以全方位地展现品牌特点，扩大影响力；而且还可以形成链式传播来进行内部引流，大幅度提升粉丝数量。例如，被抖音带火的城市西安，就是在抖音矩阵的帮助下成功的。据悉，西安已经有 70 多个政府机构开通了官方抖音号，这些账号通过互推合作引流，同时搭配 KOL 引流策略，让西安成为"网红"打卡城市，如图 10-20 所示。

西安通过打造抖音矩阵可以大幅度提升城市形象，同时给旅游行业引流。当然，不同抖音号的角色定位也有很大的差别。例如，"吃在西安"抖音号就是用各种美食短视频吸引用户关注，甚至能够促使他们前往西安旅游，亲自品尝一下这些美食，如图 10-21 所示。

图 10-20 与西安相关的抖音账号非常多　　　图 10-21 "吃在西安"抖音号

再如，广西也推出了旅游抖音矩阵，共有 85 个旅游部门开通抖音官方账号，通过短视频向全国用户展示广西之美，促进当地的旅游业增长。

抖音矩阵可以最大限度地降低单个账号运营风险，这和投资理财强调的"不把鸡蛋放在同一个篮子里"的道理是一样的。多账号一起运营，无论是在做活动方面还是在引流吸粉方面，都可以达到很好的效果。但是，在打造抖音矩阵时，还有很多注意事项，如图 10-22 所示。

这里再次强调抖音矩阵的账号定位，这一点非常重要，每个账号角色的定位不能过高或者过低，更不能错位，既要保证主账号的发展，也要让子账号能够得到很好的成长。例如，小米科技的抖音矩阵主账号为"小米商城"，其粉丝数量达到 243 万，其定位是引流变现；而子账号"小米手机"的粉丝数量也非常接近，达到了 240 万，可以说能够与主账号媲美了，如图 10-23 所示。

建立抖音矩阵 —— 注意事项

- 注意账号的行为，遵守抖音规则
- 一个账号一个定位，每个账号都有相应的目标人群
- 内容不要跨界，小而美的内容是主流形式

图 10-22　建立抖音矩阵的注意事项

图 10-23　小米科技的抖音矩阵

10.2.9　跨平台引流

目前来说，除了那些拥有几百上千万粉丝的抖音达人账号外，其他只有百十来万粉丝的大号跨平台能力都很弱。这一点从微博的转化就能看出来，普遍都是 100 ：1，也就是说抖音涨 100 万粉，微博只能涨 1 万粉丝，跨平台的转化率非常低。

微博是中心化平台，如今已经很难获得优质粉丝；而抖音则是去中心化平台，虽然可以快速获得粉丝，但粉丝的实际黏性非常低，转化率还不如直播平台高。其实，直播平台也是去中心化的流量平台，而且可以人为控制流量，同时粉丝黏性也比较高，因此转化到微博的粉丝比例也要更高一些。

抖音粉丝超过 50 万即可参与"微博故事红人招募计划"，享受更多专属

的涨粉和曝光资源，如图 10-24 所示。除了微博引流外，抖音的内容分享机制也进行了重大调整，拥有更好的跨平台引流能力。

图 10-24　"微博故事红人招募计划"

此前，将抖音短视频分享到微信和 QQ 后，被分享者只能收到被分享的短视频链接。但现在，将作品分享到朋友圈、微信好友、QQ 空间和 QQ 好友，抖音就会自动将该视频保存到本地，如图 10-25 所示。保存成功后，抖音界面上会出现一个"继续分享"的分享提示，如图 10-26 所示。

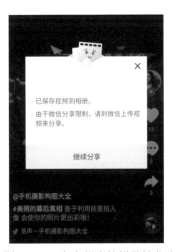

图 10-25　选择分享到微信后自动保存视频　　图 10-26　点击相应按钮继续分享

只要用户点击相应按钮就会自动跳转到微信上，这时只要选择好友即可实现单条视频分享。分享成功后点开即可观看，不用再手动复制链接到浏览器上观看了。抖音分享机制的改变，无疑是对微信分享限制的一种突破，此举对抖音的跨平台引流和自身发展都起到了一些推动作用，如图 10-27 所示。

改善了用户体验	→	自从抖音直接分享到微信上的视频变成链接无法直接观看后，复杂的操作过程令很多网友对此表现出了不适应。分享机制改变后，更方便用户与朋友之间的分享
再次占据用户时间	→	用户的时间是有限的，通过直接观看朋友分享过来的小视频，也能达到看抖音的效果，抢夺了用户参与其他活动的时间
对广告业务形成趋势性影响	→	抖音上有广告标识的视频，也可以通过新分享机制以小视频的方式分享给其他用户，帮助品牌扩大影响力
加深抖音影响力	→	目前的微信朋友圈和微信群已被乏味的电商小程序所霸占，有趣的抖音视频在这时与之形成鲜明的对比，吸引更多用户开始使用抖音

图 10-27 抖音改变分享机制的作用

抖音账号流量不高的原因有两方面，一是内容不行，二是受众太窄。例如，一个新注册的抖音账号，内容定位为"家装"，这就相当于把那些没买房和没在装修的人群全部过滤掉了，这样账号的受众就非常窄，流量自然不会高。抖音平台给新号的流量不多，用户一定要合理利用，内容覆盖的受众越大越好。

还有一点，"颜值"很重要，可以换一个帅一点的男演员或更漂亮一点的女演员，提升视频自身的吸引力，从而增加播放量。抖音的首要原则就是"帅和漂亮"，其他因素都可以往后排，除非你的才华特别出众，可以不用"颜值"来吸引用户。

10.2.10 社交平台引流

跨平台引流最重要的就是各种社交平台了，除了微博外，微信和 QQ 都拥有大量的用户群体，是抖音引流不能错过的平台。

1. 微信引流

根据腾讯 2018 年一季报数据，微信的月活跃账户达到 10.4 亿，已实现对国内移动互联网用户的大面积覆盖，成为国内最大的移动流量平台之一。下面介绍使用微信为抖音引流的具体方法。

（1）朋友圈引流：用户可以在朋友圈中发布抖音上的短视频作品，同时视频中会显示相应的抖音账号，吸引朋友圈好友关注，如图 10-28 所示。注意，朋友圈只能发布 10 秒内的视频，而抖音的短视频通常都在 15 秒以上，所以发布时我们还需要对其进行剪辑，尽可能选择内容中的关键部分，如图 10-29 所示。

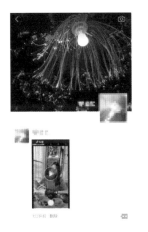 

图 10-28　将抖音短视频发布到朋友圈　　图 10-29　剪辑短视频

（2）微信群引流：通过微信群发布自己的抖音作品，群里的其他用户点击视频后可以直接查看内容，增加内容的曝光率，如图 10-30 所示。注意发布的时间应尽量与抖音上同步，也就是说发完抖音的短视频后马上分享到微信群，但不能太频繁。

图 10-30　通过微信群发布短视频

（3）公众号引流：在公众号上也可以定期发布抖音短视频，将公众号中的粉丝引流到抖音平台上，从而提高抖音号的曝光率。

2. QQ引流

作为最早的网络通信平台，QQ拥有强大的资源优势和底蕴，以及庞大的用户群，是抖音运营者必须巩固的引流阵地。

（1）QQ签名引流：用户可以自由编辑或修改"签名"的内容，在其中引导QQ好友关注抖音号，如图10-31所示。

图 10-31　设置 QQ "签名" 的内容

（2）QQ头像和昵称引流：QQ头像和昵称是QQ号的首要流量入口，用户可以将其设置为抖音的头像和昵称，增加抖音号的曝光率。

（3）QQ空间引流：QQ空间是抖音运营者可以充分利用起来进行引流的一个好地方，用户可以在此发布抖音短视频作品，如图10-32所示。注意要将QQ空间权限设置为所有人都可访问，如果不想有垃圾评论，也可以开启评论审核。

（4）QQ群引流：用户可以多创建和加入一些与抖音号定位相关的QQ群，多与群友进行交流互动，让他们对你产生信任感，此时再发布抖音作品来引流就自然会水到渠成。

（5）QQ兴趣部落引流：QQ兴趣部落是一个基于兴趣的公开主题社区，这一点和抖音的用户标签非常类似，能够帮助用户获得更加精准的流量，如图10-33所示。用户也可以关注QQ兴趣部落中的同行业达人，多评论他们的热门帖子，可以在其中添加自己的抖音号等相关信息，收集到更加精准的受众。

图 10-32　QQ 空间引流　　　　图 10-33　QQ 兴趣部落

10.2.11
音乐平台引流

　　抖音短视频与音乐是分不开的，因此用户还可以借助各种音乐平台来给自己的抖音号引流，常用的有网易云音乐、虾米音乐和酷狗音乐。以网易云音乐为例，这是一款专注于发现与分享的音乐产品，依托专业音乐人、DJ（Disc Jockey，打碟工作者）、好友推荐及社交功能，为用户打造全新的音乐生活。网易云音乐的目标受众是一群有一定音乐素养的、较高教育水平、较高收入水平的年轻人，这和抖音的目标受众重合度非常高，因此成为了抖音引流的最佳音乐平台之一。

　　用户可以利用网易云音乐的音乐社区和评论功能，对自己的抖音进行宣传和推广。例如，抖音原创音乐人徐 ×× 就非常善于利用网易云音乐进行引流，他在抖音上发布的歌曲包括《白羊》《青柠》《心事》及《鸽子》等都被粉丝广泛使用，如图 10-34 所示。

图 10-34　徐 ×× 的抖音主页和音乐作品

　　如《白羊》这首歌还获得了抖音"看见音乐计划"活动的第二名。徐 ×× 在网易云音乐平台中对这首歌的宣传也做出了很多努力，通过在歌曲评论区和粉丝进行深度互动，推广自己的抖音账号，吸引他们前往抖音使用《白羊》作为 BGM 拍摄短视频。如图 13-35 所示，《白羊》这首在网易云音乐平台上的评论量达到了 20 多万。

图 10-35　《白羊》在网易云音乐平台上评论非常火爆

因此，评论推广是音乐平台引流的有效方法。除此之外，用户还可以利用音乐平台的主页动态进行引流。例如，网易云音乐推出了一个类似微信朋友圈的功能，用户可以发布歌曲动态，上传照片和发布 140 字的文字内容，同时还可以发布抖音短视频，可以非常直接地推广自己的抖音号，如图 10-36 所示。

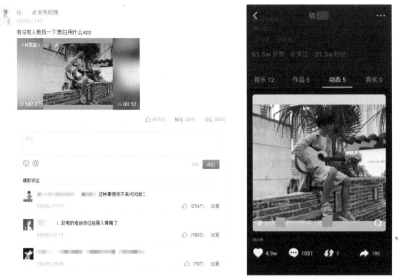

图 10-36　徐 ×× 在网易云音乐个人主页发布的短视频动态

10.2.12
线下引流

　　抖音的引流是多方向的，既可以从抖音或者跨平台引流到抖音号本身，也可以将抖音流量引导至其他的线上平台。尤其是本地化的抖音号，还可以通过抖音给自己的线下实体店铺引流。例如，"答案茶""土耳其冰激凌"、CoCo 奶茶、宜家冰激凌等线下店通过抖音吸引了大量粉丝前往消费。特别是"答案茶"，仅凭抖音短短几个月就招收了几百家代理加盟店。

　　用抖音给线下店铺引流最好的方式就是开通企业号，利用"认领 POI 地址"功能，在 POI 地址页展示店铺的基本信息，实现线上到线下的流量转化。当然，要想成功引流，用户还必须持续输出优质的内容、保证稳定的更新频率，以及与用户多互动，并打造好自身的产品，做到这些可以为店铺带来长期的流量保证。

第 11 章

变现: 揭秘抖音的 5 大商业变现模式

抖音是移动互联网流量的一个重要入口，不管是用户总数还是活跃度，都在以不错的速度保持增长。但对于成立两年多的抖音来说，获得大幅投资和扶持之后，变现依然是很现实且绕不开的话题。

拥有"全民流量"的抖音，其商业价值的空间非常巨大。因此，抖音变现的思路，也就是流量变现的思路，本章主要揭秘抖音的 5 大商业变现模式和相关的变现技巧。

🔍 11.1 抖音多重变现方式盘点 ▼

🔍 11.2 掌握抖音变现的技巧 ▼

抖音多重变现方式盘点

作为今日头条的当红"花旦"，抖音同时也背负着"相应"的商业化指标。目前来看，无论是抖音开屏页、信息流还是贴纸、挑战赛等，都没有超出广告变现的范畴。放眼各个短视频平台，目前变现主要渠道有广告、电商和用户付费。本节主要介绍抖音的6种主要变现方式，包括广告变现、卖号变现、电商变现、知识付费、精准流量变现和直播变现。

11.1.1 广告变现

广告是所有抖音达人最直接的一种变现方式，如果达人没有自己的店铺、产品或者品牌的话，接广告来变现是最合适的。目前，抖音已上线对接广告资源合作的星图平台，主要接广告的方式有广告公司派单、广告主主动找到达人、达人主动寻找广告主和签约 MCN 机构等。当用户的抖音号有一定数量的粉丝和稳定的播放量后，广告主就会主动找上门来，可以通过帮他们发软广、硬广的方式来变现。

细心的用户可能会发现，曾一度备受追捧的抖音精选标签已经悄然消失，取而代之的是为商家打开的软广大门——"精彩推荐"。抖音小助手的官方抖音账号每周都会发出一条"抖音 1 周精品"的视频合辑，向看抖音的用户展示，既彰显个性又创意十足的精选视频，如图 11-1 所示。

抖音精选标签下线后，新发布的视频不再加"精选"字样，当然以前"加精"的视频图标也不会被去掉。随着精选标的下线，抖音在消息页面的入口处增加了一个新消息模块——"精彩推荐"，每天更新 1 条官推的精彩视频。点入官推的视频后，页面与正常刷首页推荐流展示的视频一样，无广告标签，但所有官推视频都与软广植入有关，下面通过以下案例来进行分析。

图 11-1 "抖音1周精品"和"精彩推荐"功能

■ 案例一：如图 11-2 所示，这条软广植入视频的文案是："没有美术功底的我最近学了简笔画，最近做了一个小猪佩奇的勺。"视频内容其实是在推广一个头条号，主要展现手工木制品制作过程，充满创意，整个软广植入毫无违和感。

■ 案例二：如图 11-3 所示，这是一个以迷你小厨房的特色视频形式，模拟日常生活中的煮饭做菜生活场景，推广今日头条上的电商功能和"山货公益"等内容，充满新意的格调让观看者更容易接受软广的植入。

图 11-2 短视频软广案例一　　图 11-3 短视频软广案例二

■ 案例三：如图 11-4 所示，这条视频是懂车帝 App 官方抖音账号发布的，与汽车有关的三条知识，以科普的形式推广品牌认知度，但由于创意与其他"精彩推荐"的短视频比起来稍显不足，点赞数并没有过万。相反，在懂车帝的官方抖音号首页，置顶的三条视频点赞量都在几十万上下，是与汽车有关的3条反转式剧情微电影，讲述的内容传播了社会正能量，备受用户的喜爱。

■ 案例四：如图11-5所示，这条有关"皮皮虾"的软广视频，在内容设计上可谓是做足了前戏。剧情大背景设立在生活中常见的相亲场面，以女主角观察男主角的表现，并加以分析的内心戏为主，在最终女主角决定鼓起勇气打破两人之间的尴尬气氛时，拿出手机点开了"皮皮虾"社区App，以软件为媒介开启了两人的对话。虽然是一条软广植入视频，但网友都纷纷在评论中感慨："原来是一条广告！"

■ 案例五：如图11-6所示，这条推广少儿英语学习网站的软广，在达人的选择上契合度很高，视频的原创作者擅长用一口流利的英语讲一些生活中的搞笑段子，并加以风趣幽默的演绎。在视频内容的创作上，创作者从"80后""90后"的英语课堂授课方式开始调侃，以回忆激起观众的好奇心，最后以搞笑的方式引出与众不同的新式英语教学方式，给人以"广告来得猝不及防"之感。

图11-4　短视频软广案例三　　　图11-5　短视频软广　图11-6　短视频软广

案例四　　　　　　案例五

从以上5个案例中可以发现，"精彩推荐"中官方每日推送的抖音视频虽然都是以软广植入为主，但内容不乏新意。品牌调性与达人风格高度契合，让关注的粉丝因为对达人的信任，从而对品牌有更好的印象，达到投放预期效果。

虽然越来越多品牌主开始在抖音上寻找契合的达人进行广告投放，但大量的软广植入视频也出现了内容良莠不齐的情况，甚至招来了粉丝的反感，这对于达人和品牌双方来说都是一种伤害。抖音官方上线的"精彩推荐"无疑为达人和品牌主树立了一个广告内容植入的风向标，促进品牌内容生产，保证视频质量。

11.1.2 电商变现

相比于更加成熟的广告变现，抖音的电商变现模式还处于摸索阶段，目前主要有以下两种方式。

（1）平台电商变现：如果达人有自己的产品和电商店铺的话，可以申请开通抖音购物车功能，拍摄创意"带货"视频，来为店铺产品带动销量。例如，在"苏宁易购"官方抖音号主页，点击官网链接，即可进入苏宁易购的网上商城下单购物，如图11-7所示。

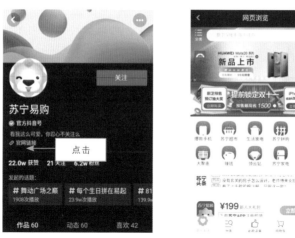

图 11-7 "苏宁易购"官方抖音号可以直通网上商城

（2）微商引流变现：达人也可以通过微商变现，主要是把抖音用户导流转化到社交软件中，如用内容引导、个性签名引导、评论引导、直播引导等方式，通过给自己的产品和店铺引流实现变现。

从现有电商变现模式分类来看，交易型电商（淘宝、京东等）主要是"给你想要的商品和服务"，而内容型电商更多的是"告诉你应该买什么来提高生活质量"，即所谓的"种草"。随着算法技术等因素的发展，电商平台对用户的商品推荐也会变得更精准。

作为新崛起的巨型流量池，抖音在2018年3月底正式试水电商，开始在大号中添加购物车链接。一款能有效占用大量用户时长的内容应用，以平台身份进军电商，所可能带来的行业连锁反应自然引发关注。

对于内容平台来说，电商为它们的商品化、货币化提供了可能途径，那么遵循着零售的思路，品类的拓展、人群的泛化、涉及商品从标准向非标准形态延伸都成为了未来可预见的变化。对于这些变化而言，"内容"的作用更像是强力的催化剂，能有效地提升转化的效率。

在抖音平台上，一方面，是大量不同领域企业的入驻带来各自的商品；另一方面，偏向于年轻、城市范围的使用者属性，本身就热衷于记录生活中碰到的新奇商品，或将自己的消费行为展示化，所以品类的拓展和人群泛化趋势已然明显。而在以往被认为是非标准化的服务，也得以借助短视频的表现力，成为"种草"的标的，为未来进一步的服务电商化奠定了可能。

无论是短视频还是直播，在同样的消费时长内都可以记录更多的客观信息，因此在表达所售卖商品的客观属性等信息时，具有图文所不具备的优势。这种客观信息的表达能力，将商品信息尽可能全面地展示在用户面前，消除线上购物时的信息不对称和随之产生的消费疑虑。再进一步，内容通过唤起用户个人体验中的关联记忆或想象，激发用户做出消费决策。

不仅短视频平台开始瞄准电商领域，电商平台也曾尝试利用短视频天然的强娱乐和话题性，快速吸引流量的特点打开销路。2016年，淘宝二楼上线并推出短视频节目《一千零一夜》，节目里有温情的故事，还有美食和购买链接。同样，在京东的"发现"频道中，也设有"直播"和"视频"两个栏目。业内专家分析，目前从短视频平台、电商平台和商家多方的需求来看，都寄希望于两端的结合。在多方的刺激下，短视频通过电商变现的市场还会增长。

11.1.3
知识付费

知识付费，顾名思义就是达人的粉丝愿意为他们的知识买单。例如，抖音很火的"老杜"杜子建，他就是采用这种营销知识付费的变现模式。知识付费变现不需要太多的粉丝，如果你有一万粉丝，并且全都是愿意为你付费的，那么其价值要比有500万泛娱乐粉丝都要强。

11.1.4
精准流量变现

抖音上的精准流量板块较大，如美妆类账号，可以用来做美妆产品变现，也可以用来做教程知识付费。精准流量主要分为两块，下面分别进行介绍。

1. 线上精准流量

粉丝认为你的内容对他有价值，就会愿意去为内容付费，因此精准流量是内容变现的重要前提。"抖音＋微信"就是线上精准流量变现的最佳方式，用户可以将自己的抖音粉丝引流至个人微信号、微信公众号、微信小店、微信商城及微信小程序等渠道，更好地让流量快速变现。

例如，"豆芽签名"就是结合抖音与微信小程序来实现变现的，通过在抖音上将账号和简介区设置为个人微信号，吸引有签名设计需求的粉丝关注，同时在微信上提供付费签名设计服务，来实现线上精准流量的变现，如图 11-8 所示。

图 11-8 "豆芽签名"的线上精准流量变现案例

2. 线下精准流量

在抖音中，凡是某些企业方想做线下流量带动产品销量的，都叫作线下精准流量。比如，大家都熟悉的答案茶和海底捞底料新吃法等，都是抖音带来的线下精准流量。例如，2018 年 1 月，一个昵称为"答案茶 AnswerTea 秋涵"的用户在抖音上传第一条视频，视频主角是一杯会"占卜"的"戏精"奶茶。无论用户有什么问题，揭开杯盖顶部贴纸答案就会浮现，如图 11-9 所示。

图11-9 "答案茶"的短视频

这条视频当天播放量就达到40多万次，第二天更是直冲到883万次，评论区被"求加盟""求答案"的信息刷爆。于是"秋涵"和她的合伙人迅速在郑州开了第一家店，结果门口排起长龙，甚至一天就接入了8 000多个加盟咨询电话。不到半年时间，答案茶已有249家加盟店。

11.1.5 直播变现

抖音官方曾表示："很多达人已经积累了大量的粉丝，他们也有变现的需要，而直播是一种已被验证的变现方式。此外，抖音的用户主要分布在一二线城市，消费能力也比较强。"

开屏广告、信息流广告、贴纸产品、达人合作产品等广告形式在抖音上已很常见，购物车功能也展现了抖音平台电商流量转化的可能性。对于正在尝试各种变现方式的抖音来说，已被上半场验证有效的直播不可错过。

抖音开直播对变现的主要意义在于布局内容电商，直播平台本身的盈利模式无非是广告加礼物，这两个盈利点都需要流量的支撑。抖音利用短视频在前期累积的大量粉丝，将凸显变现优势。

目前，抖音直播的抖币和人民币的兑换比例为10：1，也就是说一块钱可以购买10个抖币，如图11-10所示。主播分成在不签约的情况下是3：7，可以通过银行卡和支付宝进行提现，如图11-11所示。除了抖币收入，抖音开通直播功能以后，导购可以变得更加简单。

图 11-10　兑换比例　　　　　图 11-11　提现方式

抖音从提供外链淘宝购物车、上线自有店铺入口，到开通关注直播、热门直播，为"网红"达人入驻，进行电商的落地和交易铺平了道路，在内容电商的路上不断埋下伏笔。笔者猜测，"头腾大战"（今日头条与腾讯）硝烟弥漫，拥抱淘宝加速内容电商，或许是抖音将长久布局的发展方向。

11.1.6
IP衍生变现

很多坚持原创的抖音号都成为了"超级 IP"，并且衍生出了很多 IP 附加值来实现变现，如图 11-12 所示，这也是内容变现的最佳方式。

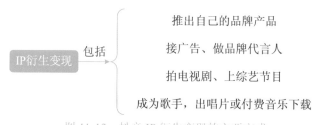

图 11-12　抖音 IP 衍生变现的主要方式

例如，凭借"男友脸"走红的费启鸣，在抖音上吸粉达 1 900 多万，而且短视频的点赞量大部分都在百万以上，如图 11-13 所示。成名后的费启鸣开始踏上星途来变现，出演了薛凌执导的电视剧《我在未来等你》，还作为实习老师参加了爱奇艺推出的亲子实验真人秀节目《超能幼稚园》。

图 11-13 费启鸣的抖音主页和作品

再如，在抖音大火的"代古拉 k"在成名前，除了短视频平台之外，从未参加过任何综艺节目，如今也踏上了《快乐大本营》的舞台，前途不可限量，如图 11-14 所示。

图 11-14 "代古拉 k"上综艺节目

抖音的短视频信息传播方式，可以帮助 IP 吸引相同价值观的粉丝，实现大范围的精准营销变现。随着泛娱乐时代的到来，IP 全产业链价值正在被深度挖掘，那些成名的抖音达人变现机会也会越来越多。

掌握抖音变现
的技巧

在移动互联网时代,流量不一定等于收益,但是没有流量就一定没有收入,可见流量是多么的重要。本节主要介绍怎么利用抖音的巨大流量来实现变现。

11.2.1
企业和个人抖音号的变现思路逻辑

如今,很多企业和个人都在花高价打造百万级的抖音账号。但抖音和今日头条、西瓜视频等平台不一样,目前只能看到粉丝、获赞和关注等数据,其他的收益和数据分析功能都是不支持的。

因此,抖音运营的目的比较单纯,那就是粉丝和流量的运营。当用户有了粉丝和流量以后,可以让他们为产品买单,实现粉丝经济的最大化,让粉丝产生更大的价值,这也是很多企业投入大成本运营抖音的初衷。不过,用户在运营抖音实现变现时,需要考虑选择变现的方式,是在抖音号中添加淘宝店铺的导购链接,还是将粉丝导入自己的第三方平台,如微信公众号、企业官方网站,或者京东、天猫等店铺,让粉丝去这些平台进行购物和成交。

这些问题都是我们在前期就需要考虑清楚的,其实拍摄短视频是不能直接变现的,目前抖音并没有开通像今日头条那样的广告分成收益(如图11-15所示)。但是,短视频所带来的粉丝是可以实现盈利的,无论用户是接自营广告还是帮品牌做宣传,或者将粉丝引流至其他能够变现的自媒体平台,这些都是有价值的,这也是企业和个人抖音号的基本变现思路逻辑。

日报表	广告视频收益	赞赏流水	订单明细

7天　14天　30天　2017-12-31 ~ 2018-01-06

日期	总计	头条广告 ⑦	视频收益 ⑦
2018-01-06	0	0	0
2018-01-05	216.67	216.66	0.01
2018-01-04	167.75	167.75	0

图 11-15　今日头条的收益报表

11.2.2
抖音粉丝经济变现的3个参考点

对于抖音运营来说，上热门、涨粉和引流都是很重要的，但比这3件事情更重要的就是变现。即使用户有再多的粉丝，如果无法将其变成钱，那这些粉丝永远都只是一个数据。很多人在抖音上有了大量粉丝后，但却不知道如何去变现，挣不到钱也导致他们没有持续的动力去继续输出短视频。

下面主要介绍抖音粉丝变现的3个重要参考点。

1. 人群需求

当你在抖音上有了精准的粉丝群体后，随便卖一个对粉丝有帮助的、能够真正解决用户需求的产品，都能够快速实现变现。但是，很多抖音运营者缺乏将粉丝变现的经验，从而让自己的抖音运营变得非常迷茫。

因此，人群的需求是一个非常重要的角度，简单来说就是用户需要什么，那我们就可以卖什么产品或服务。如果你的粉丝全是喜欢美食的，而你卖的产品是减肥的，或者是与美食行业完全不搭边的产品，这样是很难卖出去的。

对于抖音的变现，可以从两个不同的群体出发。

（1）有产品的人群：内容的定位非常精准，你只需要围绕产品做垂直领域的内容，就会比较容易吸引垂直领域的粉丝。

（2）没有产品的人群：抖音上更多的人是莫名其妙地做了一个爆款内容，然后才有了很多粉丝关注，他们对于变现可以说是一无所知。这种情况下，我们也有两种选择，第一就是找那些有产品的企业或者商家合作；第二就是分析你的人群信息和行业领域，来决定最终要卖什么产品。

对品牌主和营销领域而言，短视频、直播的"带货"能力强还体现在，用户在生产许多内容时，借助产品的滤镜、音效等功能，对产品做出不同角度的强化展示。同时，不同的KOL在内容中使用同一商品，也会赋予其不同的品牌含义，或者说，品牌自身也会具有多元人格化的特点。

进一步说，未来用户打开这些平台，第一眼看到的内容，有可能不会再是琳琅满目的商品，而是一个个活生生的"人"。品牌主们必须先弄清楚，在做抖音运营的过程中，是否愿意去让自己做出调整，借助短视频内容营销的手段，去拓展品牌内涵的外延，满足更多的人群需求，从而让更多不同层次的用户接受自己。

2. 行业领域

除了满足人群需求外，用户最应该选择的其实是自己最喜欢、最熟悉的一个行业，从而切入一个定位清晰的领域。例如，很多的新手刚进入抖音直播平台时，一般都是会选择服饰或者美妆行业的，其实理由很简单：不仅运营起来比较简单，而且市场的需求量也非常大，所以选择这个行业是无可厚非的。

3. 产品本身

当某个产品的销量接近饱和，已经无法满足当下的用户需求后，此时就需要做产品的延伸了，或者增加相应的服务，打造更加完善的产品或服务体系。

11.2.3
如何快速实现抖音粉丝经济最大化

很多抖音运营者有下面两个困惑。

- 有了粉丝和流量后该怎么办？
- 抖音盈利模式都有哪些？

下面介绍快速实现抖音粉丝经济最大化的两大出路。

1. 出路1：卖号

在互联网商业时代，任何销售都离不开流量，特别是精准流量。因此，有着大量粉丝的抖音号也非常值钱。就现在的市场来看，抖音号逐渐成为超越图文类自媒体账号的新宠儿。因此，我们完全可以依靠打造高流量抖音号，来快速实现变现。图11-16所示为某平台上的抖音账号交易价格。

图 11-16　某平台上的抖音账号交易价格

2. 出路2：做产品，走直营路线

卖产品是抖音中最靠谱的方式，只要是在抖音主页留下微信号的，基本上都是微商。另外，抖音粉丝大部分都是女性用户，针对她们最简单的变现就是卖减肥类、美妆类或者服装类的产品。其中，美妆产品是抖音平台目前变现最快的，主要原因是现在的美妆厂家非常多，而且稍微有点名气的美妆品牌广告主很舍得投钱，如图 11-17 所示。

图 11-17　抖音上的美妆类产品很常见

11.2.4
只要有足够体量的粉丝变现很容易

在 2011 年到 2012 年，微博非常火热，此时微博的涨粉速度很快；在 2014 年到 2015 年，微信公众号又变得火热起来，此时做公众号的用户涨粉也非常快。如今的抖音正像当年的微博和微信公众号那样，这个时间段可以说是整个抖音流量的爆发期，用户积累了流量后变现的周期也非常快。

尤其本地抖音号，只需要短短两个月的时间就能够培育出来，而且基本能够达到收支平衡，形成很好的变现方式。当然，用户投入的时间精力跟后期的回报也相差不大。同时，只要用户培育了足够体量的粉丝，其变现能力也是非常强的。另外，用户的粉丝越多，流量推荐池的级别也会更大。如果你拥有上百万粉丝后，不仅整体的广告收入非常可观，而且还有别的盈利方式，如做直营或者开发一些本地的产品，可以围绕这些粉丝进行多次的营销和变现。

例如，为宣传全新 BMW X3 上市，宝马于 2018 年 6 月入驻抖音品牌主页，正式开启短视频营销新篇章，如图 11-18 所示。7 月，宝马再度追投抖音，实现超过 1.35

图 11-18　宝马抖音品牌主页

亿的强曝光，由正片剪辑的短视频在抖音正式投放信息流，曝光达成率高达254.54%，同时收获53.5万赞。

抖音作为构建年轻化阵地的重点平台，有力地帮助宝马会聚了年轻、创新、敢于展现自我的主流城市人群。抖音品牌主页作为活跃的粉丝经营阵地，沉淀品牌专属内容池的同时，也能与用户构建有效互动，聚势口碑效应，同时有利于提升转化率，更好地助力品牌变现。

11.2.5
本地化抖音短视频的变现能力更强

首先解释一下何为本地化抖音账号，就是抖音号的粉丝跟号主是同一个地区的，也叫同城账号。本地化自媒体做抖音短视频的机会点和盈利点非常多，机会点可以与微信公众号比肩。本地化抖音号能够吸引更多的商家，如餐饮、旅游和商业房地产等，会有很多本地的服务商来找抖音号进行各种商业合作，因此变现能力比其他的内容（如唱歌跳舞的内容）要更强一些。

因此，做本地抖音号有一个特别重要的点，就是能够获取该城市里的优质资源和人脉。用户可以充分利用粉丝和商家的相互作用，形成具有展示性、便利性、高黏性的生态系统，帮助本地化抖音号实现变现。

用户可以提升抖音号在本地市场的品牌影响力，从而在当地更加轻松地接到各种广告，甚至还有很多本地化抖音达人带火了一个城市。例如，"摩登兄弟"从默默无闻到粉丝3 500多万，在抖音上爆火后，因为几乎每天都有全国各地的粉丝慕名来听他唱歌，主唱刘宇宁所在的"安东老街"也在粉丝络绎不绝的光顾下，不知不觉被带红了，如图11-19所示。

本地化抖音号最佳的变现方式，就是和本地的线下实体进行合作，这个方法主要也用于一些本地生活类公众号。本地化抖音号可以更好地解决信任问题，本地的餐饮、电影、美容，以及服装企业等都是潜在的大客户。总之，只要你的粉丝基数大，就不愁没有客户，而且很多客户会主动找上门来。

图11-19 "摩登兄弟"带动一条街的繁华

第 12 章

案例：抖音大 V 们如何成功吸粉变现

安迪·沃霍尔曾经说过"每个人都可能在 15 分钟内出名"。而抖音告诉我们：出名？只要 15 秒就够了！是否造成大规模刷屏，似乎已经成为衡量一个营销活动成功与否的标准。抖音上，每个人都在争做刷屏短视频，但是真正做出来的没有几个。

本章分析抖音中的一些经典成功案例，看看这些抖音达人们是如何成功吸粉变现，创造奇迹的。

5个百万点赞量的抖音案例经验分享

短视频行业发展太快，作为从业者，要密切关注行业风向并且跟上脚步。现在的抖音已经成为了移动互联网时代的爆款产品，如何抓住这个新的机会呢？

前面已经讲了不少抖音的玩法策略，但归根结底还是要靠创意有趣的内容。如何产出创意？我们可以从大量观摩学习别人的案例开始，本节将带大家看看抖音上那些点赞过百万的热门短视频都有哪些特点。

12.1.1
颜值类视频【话题跟拍】

"颜值"顾名思义就是长相好看，让用户能因为一张封面图产生点击的欲望，这种类型的短视频拍起来比较简单。例如，下面是一个 # 送你一张动态壁纸 # 话题的跟拍视频，如图 12-1 所示。

图 12-1　#送你一张动态壁纸#话题的跟拍视频案例

视频中的主人公是一个长相非常好看的"小姐姐"，能瞬间变成人，也能瞬间变成壁纸。这种类型的视频在拍摄上没有太大的难度，主要在于视频的运营手段，简单来说需要注意以下几点。

- 选择最火热的并适合你账号领域的话题进行创作。
- 封面图选择最好看的、最有看点的。
- 发布时间选择在上班前、午休、下班后这几个时间段。当然每个领域不同，发布时间还需要发布者去自行验证。

12.1.2 运镜特效类【拍摄技巧】

运镜特效类短视频属于拍摄难度系数比较大的类型。如今，一个人仅用手机拍已经无法满足炫技的要求了，更多的达人会选择对视频进行影视后期的加工处理，来实现预期的效果。例如，下面是一个运镜特效类短视频案例，如图12-2所示。

图12-2 运镜特效类短视频案例

这个案例是抖音现在比较火的一种特效视频，这种特效可以使人看起来很炫酷。视频达人利用"水倒流"的方式制造前期的吸引力，再利用分身术特效营造了整个视频炫酷的效果。像这样略带拍摄难度的视频，必须有1～2个人进行辅助，或者是一个团队来进行创作，在内容制作上必须细致入微。该视频之所以能获得这么高播放量，笔者认为主要有以下几点原因。

- 以特效为主，特效足够炫酷。

- 画面非常流畅，可以采用 PGC 的制作模式。
- 音乐选择方面比较重要，尽量选择节奏强且很"带感"的配乐，跟随音乐节拍进行画面呈现，增加视觉和听觉上的感染力。
- 从用户的评论可以看出，更多人关心的是整个视频的制作方法，因为特效的炫酷，引发了一些用户追求潮流的冲动，纷纷开始模仿学习，从而引爆了整个视频。

12.1.3
情感共鸣类【热点话题】

颜值类、特效类视频的特点是具有强大的视觉上的吸引力，但是要想真正让粉丝产生黏性，并且自愿给你点赞、评论、转发，还需要在内容上引发粉丝的情感共鸣。情感类视频可以结合当下社会的热点进行创作，蹭热点的同时又能引发共鸣，是很多高点赞率视频都会采用的方法。例如，下面是一个紧扣热点话题的情感共鸣类的短视频案例，如图 12-3 所示。

图 12-3　情感共鸣类短视频案例

这个案例就是站在反面角度看问题，讲述一个小男孩在"六一"儿童节联欢会结束后，独自一人留下收拾垃圾的场面，引发了大量的粉丝评论，评论量高达 9.7 万个。该视频的引爆点在于以下几个方面。

- 蹭热点的时间刚刚好，视频不能发布在上午，也不能发布在第二天，只有刚刚好，才能做到"天时地利人和"，让更多用户看到。
- 在满屏充满节日的喜庆和怀旧气氛时，视频从另一个角度说"六一"

儿童节，制造了一个"槽点"，引起用户不一样的感受和共鸣，来进行点赞、评论。

■ 标题文案直接描述了视频的内容，获得平台的精准推荐，使视频播放量产生"滚雪球"效应。

12.1.4
育儿记录类【"戏精"视频】

现在很多育儿类视频发布的都是孩子的日常生活，在于为孩子的童年留下美好记录。孩子与特定领域的 KOL 相结合，能产生不同的反响，但对于孩子的演技也是一种考验。例如，下面是一个"戏精"的育儿记录短视频案例，如图 12-4 所示。这个视频就是模仿赵本山的经典小品，并且结合 papi 酱的"精分"模式，让孩子进行演绎，可爱、精怪又搞笑，不只引发妈妈们的赞赏，也会给粉丝一个点赞的冲动。

图 12-4 育儿记录类短视频案例

12.1.5
故事"带货"类【软植视频】

"带货"类视频其实是用户比较反感的一种类型，那么要怎么样才能让用户耐心地看完，并且悄无声息植入广告呢？下面就是一个很典型的案例，如图 12-5 所示。

图 12-5　故事"带货"类短视频案例

　　该视频以段子、故事的形式出现，增加观众的代入感；视频"带货"这个伏笔一定要深，不能有违和感，并且让用户循序渐进地了解，不能一上来就是明显的广告。该视频最后的反转有点出乎意料，并且合情合理，否则会引发观众的反感，反而会产生"脱粉"。

　　　　在运营抖音账号时，哪些内容效果最好？最受用户欢迎？这要通过数据分析来得出结论，用户要学会使用工具，更好地捕捉用户痛点，策划内容，优化运营，从而做起来得心应手且事半功倍。

一夜爆红的抖音短视频营销案例分析

不论中小品牌还是大品牌，它们都希望自己每一笔营销费用都花在刀刃上。现在很多大品牌把营销战场转移到社交媒体，就是为了扩大品牌的影响力，提高品牌的美誉度，打造品牌的年轻形象，笼络年轻人的心，通过四两拨千斤的方式，以最少的投入撬动最大的市场。如此，出于品牌形象的考虑，抖音是值得去投入的。

有流量有用户的地方就有曝光，现在大部分的移动互联网流量都在抖音上，这是大家有目共睹的。随着抖音在2018年春节前后的崛起，也一并带火了许多品牌和产品，销量大增，引得很多企业和品牌分外眼红。

随着流量越来越集中在抖音，显然抖音成为营销的新阵地，那么作为企业和品牌方，想要在抖音分得一杯羹，又该如何做呢？本节将带大家回顾一下抖音到底带火了哪些爆款，并深入分析抖音上比较有代表性的营销案例。

12.2.1 《西虹市首富》：12亿票房，抖音助力影视宣发

2018年暑期档电影《西虹市首富》讲述了一个混迹于丙级足球队的守门员"王多鱼"，因比赛失利被开除离队，却因继承二爷遗产而获得大笔财富，本想在一个月内合法地花光十个亿，却在拼命花钱的同时越挣越多，由此引发一系列令人哭笑不得的事件。《西虹市首富》上映仅5天就获得了12亿票房，影片评分一度达到9.3分以上。取得如此成绩，抖音功不可没。

1. 人物代表性动作影响潮流

《西虹市首富》宣传期间，为了造势和做口碑，影片同名官方抖音账号也靠发布搞笑片花，霸占了当时的抖音热搜榜。《西虹市首富》的主演沈腾本人发布的＃首富多鱼走＃短视频，目前已获291.7万点赞，超过6.3万条评

论，更引发无数粉丝争相模仿，如图 12-6 所示。

以影片中人物代表性的动作影响跟风潮流，《西虹市首富》在抖音上的推广，不仅在短时间内为影片同名官方抖音号带来了 50 万粉丝，更获得了超过 1.4 亿的总播放量，让抖音成为了电影票房的"神助攻"。

2. "土味"情话更接地气

抖音传播"土味"情话是影片后期宣发的另一大特色，"王多鱼"的话虽然听起来很"土"，但恋爱的气息却齁甜。其中，"王多鱼"对"夏竹"表白的"在别人眼里你是黑寡妇，在我眼里你就是吉祥物"的视频片段，在抖音播出后也被网友广为传播。这种宣发方式，与 2018 年 5 月的《超时空同居》电影在抖音上发起的挑战赛 # 超时空情话挑战 # 很相像，如图 12-7 所示。

图 12-6 # 首富多鱼走 # 短视频　　图 12-7 # 超时空情话挑战 # 挑战赛视频

《超时空同居》在抖音上靠着大玩诸如"你今天有点奇怪，怪好看的"；"来者何人？""你的人"；"你喜欢什么面？""你的心里面"等"土味"情话"热梗"，收获了人气的同时也为票房添砖加瓦。《超时空同居》和《西虹市首富》都抓住了抖音上被网友熟知的"热梗"，依靠抖音的流量爆火，达到了推广目的。

3. 应景歌曲引发用户自传播

其实，不论是《西虹市首富》，还是《超时空同居》，它们在抖音上传播的过程中都有明显的官方介入。在这两部电影之前，《后来的我们》和《前任 3》更多是通过用户的自主传播和"戏精"演绎，收获了更多的关注度。例如，

《前任3》电影在豆瓣上的评分是 5.5 分，但取得了 20 亿的票房成绩，逆转很大一部分"功劳"来源于抖音，其中两首 BGM《体面》和《说散就散》功不可没。以《说散就散》为例，在抖音搜索栏中输入"说散就散"的关键词，随手就能搜出点赞量超过 100 万的视频，以及相关的话题挑战赛数不胜数，可以想象，光抖音一个平台就给《前任3》带来了多大的曝光度，如图 12-8 所示。

当下，网络游戏、线上观影、直播和短视频等娱乐方式，正在不断稀释着用户去影院观影的冲动和欲望。要想推进影片票房，就必须把用户从移动娱乐端拉回电影院。抖音是眼下公认的流量赋能平台，为影片宣发打开了一扇大门，用抖音给影视剧导流的方法越发成熟。

图 12-8　"说散就散"相关短视频和话题都非常多

12.2.2
卫龙辣条：制造戏剧性，一条视频17万点赞量

营销界的"老司机"卫龙辣条也入驻了抖音，其中有一条短视频获得了17 万点赞量，视频标题是"不可思议，辣条吃出了米其林的感觉"，如图 12-9 所示。这个短视频案例告诉大家，任何产品和内容都可以以美好的方式呈现。这样做的好处是：一方面提升了产品品牌形象；另一方面我们知道在戏剧中，必须有冲突，这样故事才好看才刺激。卫龙辣条的产品，在用户的原本认知里是比较接地气的特质，而在视频里与美好的方式产生戏剧化的碰撞，使这条短视频成为爆款。

由此可见，反差和冲突可以增加内容的看点，我们在策划内容时可以刻意寻找和制造一些冲突点制造戏剧性。另外，卫龙辣条的其他视频也都保持不错的播放量和点赞量，当然，这个前提是卫龙辣条本身就是一款"神奇的零食"，与我们的生活太贴近，极易引起受众兴趣。

卫龙辣条的内容大多是有趣、恶搞的"段子手"风格，特别符合卫龙接地气的品牌风格。比如，视频中的男子说着一口东北话，辣条配红酒的西餐高级吃法，一本正经的严肃表情，在视频中故意读错广告词，甚至用恶搞的方式简单粗暴地给自己的辣条做广告，广告语是"太好吃了"。这种刻意夸大产品的硬广告却一点都没有引起网友们反感，反而因为充满"魔性"的创意，赢得一片大家的互动和夸赞。通过卫龙辣条的抖音运营方式，带给我们一些营销启示，如图 12-10 所示。

图 12-9　卫龙辣条短视频案例

围绕产品核心卖点进行创意策划，卫龙辣条的特点就是好吃，就这一点足够了

卫龙辣条的抖音运营　营销启示

短视频的内容贴近生活，结合网友感兴趣的话题，比如见女朋友父母送什么礼品等

内容要接地气，必须符合产品和品牌调性

图 12-10　卫龙辣条抖音运营的营销启示

12.2.3
"樱公子"：一支舞获7 000万播放、340万点赞

"Dura 舞"在抖音上爆火的时候，无数达人都用歌曲《Dura》作为视频的 BGM，在手机镜头下跳起这支欢快的舞蹈。一时间，抖音首页推荐流几乎

每刷 3～4 屏，就会有一支"Dura 舞"视频，热度久居不下，如图 12-11 所示。

虽然跳同款舞蹈的达人不在少数，但真正因这支舞收割人气的却没几个，"樱公子"便是抓住这波流量红利并成功吸粉的达人之一。"樱公子"凭借这只"Dura 舞"，取得了单条视频点赞数 335 万，播放量超 7 000 万的成绩，在抖音上获得极大的曝光，如图 12-11 所示。甚至有很多粉丝在评论区中纷纷留言"这是我看过最好看的版本"。"樱公子"运营抖音不到一年的时间，就通过更新舞蹈类视频获得了 132 万粉丝关注，甜美的笑容、超高的颜值成为她的两大天然优势，元气满满的舞蹈动作也为她实力增色，如图 12-12 所示。

图 12-11　"樱公子"的"Dura 舞"视频　图 12-12　"樱公子"的抖音主页

"樱公子"表示："粉丝的点赞和支持是我持续更新作品的动力，同时，以这些视频为媒介，我还可以跟粉丝进行互动和交流，受益匪浅。""樱公子"经常"实力宠粉"，不仅会给粉丝送上生日祝福，还会变身"倾诉粉的树洞"，帮助他们重拾好心情。对此，"樱公子"说："能得到大家的支持和喜欢是我的荣幸，因此会尽力抽出时间和一些忠实粉建立交流。"

任何一位百万粉丝达人的造就，都离不开个人的努力和粉丝的支持。正确定位自己，保持良好的心态是"樱公子"成功的秘诀。从她的身上，我们可以学到哪些持续吸粉的经验？

（1）有特色的 IP 形象："筷子腿""小蛮腰"加上有感染力的笑容，"樱公子"在视频中展现的永远是自己最有活力的那一面，让人在看过她跳的舞蹈后，被这种青春活泼的气氛感染，心情大好。

（2）百变的造型和拍摄背景：一名优质原创短视频创作者，需要不断地通过自己的视频内容给粉丝带来惊喜感和期待感，不同的拍摄背景、穿衣风格、发型搭配能从视觉上给粉丝带来不同的享受。

（3）用心对待粉丝留言：舍得为粉丝花时间，粉丝也会回报以更高的黏性，回复粉丝的私信或留言能拉近跟粉丝的距离。

（4）与其他抖音达人互推：可与同类型视频的抖音好友一同出镜，并在视频文案中互相 @ 对方，增大自己抖音账号的曝光率。

12.2.4
"大凯很努力"：拥有160W粉丝的技术流播主

"大凯很努力"（以下简称"大凯"）白天是一位婚礼司仪，晚上在酒吧做驻唱，休息时间中，他则摇身一变，成为一名在抖音上拥有 170 多万粉丝的"技术流"播主，如图 12-13 所示。"大凯"表示："除了本职工作外，我其余时间要么是在用抖音拍视频，要么就是在做直播，并且抽空回复一些留言和私信。"

在"大凯"的短视频中，经常可以看到这样的画面，上一秒还在恶搞，然而下一秒通过技术含量超高的镜头一转变，一名一本正经的男子做出酷酷的表情，手一挥出现在画面中，将"搞笑＋技术流"手法的视频内容无缝衔接，如图 12-14 所示。

图 12-13 　"大凯"的抖音主页　　图 12-14 　"大凯"的短视频作品

谈及拍摄初衷，"大凯"说自己是因为看到一条非常炫酷的"技术流"视频，才开始玩抖音的。一开始什么都不懂，就将自己所有的空余时间都放到研究视频上，于是琢磨会了很多拍摄技巧。

"大凯"成为"技术流"播主全凭喜好，但取得成绩却是靠胸怀。由于抖音"技术流"视频门槛高、难度大，很多渴望成为"技术流"的用户都在中途放弃，"大凯"却一直坚持了下来。尽管随着抖音视频内容的多元化，"技术流"视频的生存空间没以前那么广阔，"大凯"仍然在只有两千多粉丝的情况下坚持更新。由于视频一直得不到大量推荐，"大凯"就调整了自己的思路，将纯粹的"技术流"视频变成了教学类，没想到不仅得到了系统的推荐，还收获了大量的粉丝。

录制时由于视频长度的限制，"大凯"不得不在 1 分钟的时间里用快速且清晰的话语描述整段视频的教学过程，比"报菜名"还精彩，独特的个人解说画风让关注粉丝纷纷大呼："原来凯哥是个被技术流耽误的'相声演员'！"

"大凯"表示："刚开始做教学时，一些朋友不同意我的做法，他们觉得我太无私了。可我觉得，虽然我的技术一般，但能分享一些是一些，懂得分享的人才能拥有更多朋友。"他的这种胸怀也为他赢得了如今的成绩。

12.2.5
"佳哥就是毕加索"：由字生画半年吸粉300万

在越来越多抖音达人开始用颜值"吸粉获赞"的时候，仍有那么一部分人凭借着高超的"手艺活"，用真本事获得用户的喜爱，如"佳哥就是毕加索"（以下简称"佳哥"）就是其中一员。"佳哥"在绘画上有非常丰富的经验，凭借"由字生画"的创意，在抖音上吸粉达到了 330 多万人，如图 12-15 所示。

图 12-15 "佳哥就是毕加索"的抖音主页和短视频作品

"由字生画"是指先在白纸上写下关键词，再根据关键词的词意，直接在关键词上创作简笔画，将文字的笔画融入人物和风景中，隐藏笔画，使笔画和画面融为一体。"佳哥"的每幅作品都经过大量的推敲和设计，成稿阶段不画草图，直接落笔成画。例如，上面这条"摩登兄弟"关键词的绘画视频总获赞数 77 万，播放量超过 1 000 万，是"佳哥就是毕加索"抖音号下点赞数最高的一条视频，因为摩登兄弟在抖音上的爆红，用户也对这类跟"红人"有关的内容非常感兴趣。

"佳哥"有 15 年的美术基础和 10 年游戏设计工作经验，看似简单的 41 秒视频，其背后是佳哥扎实的专业能力。"佳哥"表示："之前我一直画的是简笔画，但后来觉得太简单，就想突破自己，尝试用更复杂的方式画内容。受到其他视频平台上艺术家的启发，我开始用文字生画的方式创作作品。"

"佳哥"目前在包括抖音在内的 6 个平台上同步更新作品，平均每个作品思考创作的时间约为一天。虽然时间成本很高，但他依然坚持将作品制作得非常精细，走精品化路线是他各平台账号的特色。同时，根据平台不同用户的喜好，"佳哥"也会创作不同的内容以取得传播效果的最大化。比如，在抖音平台上，"佳哥"会按照三种分类来安排内容：热点、经典、固定节日。

（1）热点：抖音首页推荐流，什么内容热度高，就蹭什么热点，稳抓年轻人的关注点，代表性画作包括"摩登兄弟""刘二豆"和"莉哥"。"佳哥"充分利用个人擅长的技艺为自己吸粉、变现。在变现方式上，"佳哥"在抖音上开通了商品橱窗功能，通过电商来实现变现，如图 12-16 所示。

图 12-16　"佳哥"通过电商来实现变现

（2）经典："佳哥"的短视频中出现了很多经典作品，并设置怀旧情节，吸引更多人群的关注，满足不同粉丝的胃口，代表作有"甄嬛传""射雕英雄传"和"武松打虎"等。同时，这些经典作品的 BGM 选用不同经典影视作品的插曲，让用户在看到文字、听到音乐的瞬间了解到绘画的主题内容，一秒入戏。

（3）固定节日：在固定节日发布相应的内容，会得到更多人关注，也可以成为内容创作的方向之一，如"佳哥"的此类型代表作包括"母亲节""端午节"和"父亲节"等。

定位清晰、作品创意十足、视频精心制作，是"佳哥"快速吸粉的主要原因，也是他变现的秘籍。同时，"佳哥"对于广告非常谨慎，他的原则是不能给账号带来降级的风险，更不能失去视频创作的本心。"佳哥"表示："我认为作品走精品化路线才有出路，能被更多需要这类视频的个人或者设计公司发现。所以即使平常设计一部作品需要耗费很长的时间，我依然要保证内容的质量。"

12.2.6
"好书推荐"：吸粉百万，引领书单类内容热潮

从2016年的"知识变现元年"开始，近年来，知识付费已被越来越多人接受，市面上有关知识付费的产品也多了起来。例如，"分答"在王思聪的站台下，成为一款现象级产品；"得到App"在罗振宇这个IP的加持下，轻松坐拥百万粉丝；网易云音乐推出了首款自制的知识付费产品《采铜好书精读》；育儿知识科普平台"丁香妈妈"，在"小鹅通"上开设了自己的知识店铺等。从这些案例可以看到，知识分享俨然成为一种潮流。

随着社会压力越来越大，用知识缓解焦虑，成为年轻人的一种选择。抖音作为年轻人的聚集地之一，不仅拥有超高的日活跃用户数量优势，丰富的抖音号种类也能满足人们对不同知识的需求，最重要的是，这些知识分享全部免费！同时，在抖音知识分享领域，崛起了一批书单类抖音号，如"好书推荐""知书"及"有书有弦"等，这些账号的粉丝都超过了百万。

例如，"好书推荐"每天按照不同主题，为用户推荐4～5本精选书籍，在每本书籍的介绍页面都会辅以几句话的介绍，力求第一时间用主题吸引用户注意力。"好书推荐"的短视频画面排版简洁清晰，内容丰富实用，可以帮助用户快速了解不同类型的好书，如图12-17所示。

这些书单类抖音号有以下3大特点。

（1）定位精准。垂直的账号昵称可以大大降低用户的认知成本，清楚了解账号性质及对自己的作用。同时，它们发布的每条短视频都有一个清晰的主题，直接告诉用户看完这条视频你可以通过内容得到哪些知识，这些知识可以用来解决哪些问题，定位非常明确。

图 12-17　抖音知识分享领域的书单类抖音号

（2）"三段式"画面。介绍书籍的画面由"书名""简介""图片"组成，帮助读者在 1～2 秒的时间里，快速了解推荐书籍的特点，记住书籍名称。而且推荐书籍的数目均在 4～5 本，保证内容充实度的同时，方便用户选择。

（3）视频文案与主题一致。先来看 3 条文案示例："这五本书给孩子准备好，绝对能超越同龄人""感觉自己不会说话　就看这 5 本书""感到迷茫和压力　就看这六本书"。视频主题和文案一致，方便用户进行搜索和分享，"标题党"式的文案更吸睛，如图 12-18 所示。

图 12-18　视频主题和文案一致

抖音上的书单类账号可以帮助用户省下了搜索时间，直接将最核心的内容以最吸睛的方式展现出来，这也是书单类账号能够吸引粉丝的主要原因。